新普惠经济

数字技术如何推动普惠性增长

罗汉堂 ·················· 著

中信出版集团 | 北京

图书在版编目（CIP）数据

新普惠经济：数字技术如何推动普惠性增长 / 罗汉
堂著 . -- 北京：中信出版社，2020.8
ISBN 978-7-5217-1301-5

Ⅰ . ①新… Ⅱ . ①罗… Ⅲ . ①数字技术－应用－中国
经济－经济增长－研究 Ⅳ . ① F124.1

中国版本图书馆 CIP 数据核字 (2019) 第 278806 号

新普惠经济：数字技术如何推动普惠性增长

著　　者：罗汉堂
出版发行：中信出版集团股份有限公司
　　　　　（北京市朝阳区惠新东街甲 4 号富盛大厦 2 座 邮编 100029）
承 印 者：山东韵杰文化科技有限公司

开　　本：880mm×1230mm　1/32　　印　　张：8.25　　字　　数：250 千字
版　　次：2020 年 8 月第 1 版　　　　印　　次：2020 年 8 月第 1 次印刷
书　　号：ISBN 978-7-5217-1301-5
定　　价：55.00 元

目录

罗汉堂使命

在数字技术的驱动下，全球经济正在发生深刻的变化，人类福祉有可能在诸多方面得到提升。数字技术不仅可以降低成本、减少市场摩擦，还可以被用于创建新服务和新流程。消费者将受益于更低的成本、更好的服务、更广泛的社会连接和更健康的身体状况，而企业家和企业则可以更顺利地进入市场并获得价格更低的计算资源和后台服务，更快捷、更高效地获得更便宜的资金。小企业获益尤其明显。借助数字技术，政府或许能够以更低的成本来完善社会福利制度，更好地预测和满足民众的需求，提供更高效和更具普惠性的服务。此外，数字平台可以为生产者和消费者搭建一张高价值网络，在资源分配和风险分担方面创造新机会，并带来高效且有韧性的例行程序、流程重组和市场关系。

大数据、机器学习、人工智能、机器人等数字技术将引发前所未有的结构转型，然而，社会尚未为此做好准备。面对即将到来的数字革命，我们必须进行充分研究，寻找应对方案，造福社会，保护消费者、劳动者乃至全体民众，在国内层面和国际层面都应如此。

使用新技术时，需要找到最佳的平衡点，而这一平衡点涉及一系列问题，各国民众一筹莫展。社会如何驾驭技术，从而在促进增长和提升福祉的同时维护个人权利、保持社会包容性？在未来，工作和休闲会变成什么样？面对截然不同的工作性质、方兴未艾的数字助理、日新月异的技术和层出不穷的新方法，教育必须做出怎样的改变才能满足新的需求？如何预防数字文盲现象，避免民众之间出现数字知识鸿沟？如何确保新的社会环境是公平和普惠的？怎样的监管和竞争政策能在不减缓创新的同时促进竞争和技术进步？按照怎样的轮廓才能勾画出理想的隐私政策，从而允许合法使用数据来创建有益于社会的普惠性服务，并确保公民数据不被未经授权的行为方和机构滥用？数字技术如何为环保事业做出贡献？

经济学家等社会科学家必须通力合作，帮助社会平稳、公平地适应数字革命。对此，学术界有两大重要目标：一是了解有利于增长和进步的商业模式和市场结构，二是认识数字技术对个人和社会福祉的影响。尽管数字经济的规模快速扩大，但到目前为止，相关实证研究还相对滞后。此类研究应该以理论为基础，探讨数字经济的原理、结果和政策。有序的研究社区可以极大地促进和加速此类研究。

将全球最先进的研究思想和对数字经济的第一手实用见解结合起来，恰逢其时。这有利于拓展数字经济的研究前沿，形成建设性共识，进而造福公众。罗汉堂背负双重使命而生：首先是理解数字技术如何有助于维护社会共同利益。其次是有助于建立一个广泛的研究社区，聚合共识与力量，为解决新问题提供新范式。为此，罗汉堂将秉承科学研究的开放精神，以正直、普惠、多元的原则独立运作。

这是激动人心的新起点，我们盛情邀请您与我们一起踏上新征程。

罗汉堂学术委员会成员包括帕特里克·博尔顿、马库斯·布伦纳梅尔、拉尔斯·彼得·汉森、何治国、本特·霍姆斯特罗姆、普雷斯顿·麦卡菲、克里斯托弗·皮萨里德斯、钱颖一、埃尔文·罗思、托马斯·萨金特、迈克尔·斯宾塞、史蒂文·泰迪里斯、王能、魏尚进、熊伟、许成钢。

罗汉堂秘书长　陈龙

序言 1

如果本书有一项发现比其他任何发现都突出，我相信那就是，数据正在成为推动人类进步的关键新资源。

简而言之，对发展来说，数据和石油一样重要，甚至比石油更重要。我们都知道，石油终将耗尽，而数据永不枯竭，被使用得越多便越有价值。

摆在我们面前的未知领域存在许多尚未被回答的问题。如何恰当地使用数据？如何保护隐私？如何利用数据为人类创造最多的价值并将其带来的伤害降到最低？这么多没有答案的问题很容易造成恐惧和不祥的感觉。但这样的感觉不能提供任何答案，我们必须努力寻找答案。我们没有逃避挑战，而是冷静地看待问题，从全局的角度探索数据的潜在影响。

我要感谢为本书做出贡献的学者，他们的出色研究构成了本书的基础。他们的发现和分析不一定能立即提供所有人都赞同的答案，但我相信它们将照亮人类通往未来的道路。

关于数据和未来，有那么多纷纷扰扰的问题，不过对我来说，有一点是非常清楚的：机器不能也永远不会取代人类，因为推动我们前进的终极力量是人类的爱和智慧。

阿里巴巴集团创始人　马云

序言 2

　　中国的数字技术企业已经走在了世界前列，引领着电子商务、移动支付和数字金融服务的发展。2018年，阿里巴巴集团创始人马云在杭州倡议发起罗汉堂，旨在推动数字经济的相关研究，更好地理解其发展和影响。这项倡议恰逢其时，因为所有经济体都越来越依赖数字技术。

　　作为罗汉堂学术委员会成员，我们看到了这一机构的巨大潜力。随着中国经济的快速数字化，中国已经积累了丰富的经验，可以用来研究与数字技术相关的关键问题、机遇和挑战。中国拥有全球最发达、部署最广泛的移动支付系统，将其他国家远远抛在了后面。

　　尽管中国的发展速度很快，但中国仍然是发展中国家。这是我们撰写的第一本书，由罗汉堂内部研究团队和罗汉堂学术委员会成员共同完成，重点关注的是电子商务对中国发展的贡献，以及与电子商务、移动支付和数字金融服务相关的增长模式的普惠性。

　　书中的数据有助于我们形成许多重要的见解和结论。

开放的电子商务平台催生了数字生态系统，帮助企业家创办了大量新企业，其中许多是中小企业。这些企业已经欣欣向荣，因为它们进入的市场蕴含着巨大潜力，远超现实世界中贸易引力模型所意味的范围。

以平台为中心设计出来的生态系统的进入门槛较低，原因有二：一是其对资本和数字技能的要求都很低。这并非偶然，而是由于平台设计的初衷就是将技能要求降到最低。这与其他一些发展中国家在发展移动支付和银行服务方面的经验是一致的。二是随着时间的推移，数字生态系统已经开发出了大量的互补性资源，这些资源让企业的创办和扩张变得更加简单，也为商业构想和模型的验证提供了便利。这也是有意为之的结果。作为主要的电子商务平台，淘宝已经建立了针对私营部门和公共部门的培训项目，以支持企业家和政府官员开展合作。

在中国的欠发达地区、低收入地区和零售基础设施不足的地区，电子商务发展得更快。如果按照比例计算，那么这些地区的人们所购买的产品并不少于发达地区，他们在线购买更多种类的产品，以抵消当地市场供给不足的劣势。可以非常肯定地说，电子商务和移动支付大大加快了欠发达地区（农村地区和三、四线城市）的现代化步伐。

这种普惠性还体现在其他方面。例如，将初创企业都算在内的话，淘宝网上大概有1 000万家企业，其中一半由女性企业家创办。

移动支付是数字经济的关键部分。有趣的是，支付宝是在移动互联网普及之前发展起来的，目的是解决电子商务中常见的信任问题，即买家担心收不到货，卖家担心收不到钱。现在已今非昔比。移动支付系统主导着电子商务交易，并且已经蔓延到消费经济的其他领域。之前，很多个人和企业被排除在信贷系统之外，因为这些个人和企业无法提供抵押物，也没有易于获取的信用记录。而移动支付系统可以为他们提供利率合理的贷款。现在，对绝大多数人来说，可靠的移动支付、贷款、保险、理财和其他很多服务都触手可及。这些是平台生态系统的关键要素，它们的影响力具有高度的普惠性。

总而言之，本书最重要的结论之一就是，从不同维度来看，电子商务、移动支付和相关金融服务在中国的发展都具有显著的普惠性。

几十年来，关于企业组织和市场之间的"劳动分工"的科斯定理，一直是理解怎样的制度安排才能实现有效的资源配置的理论框架。按照科斯定理，企业解决的是对市场构成挑战的协调问题。本书认为，开放的双边平台是一种新的制度形式，可以解决某些类型的协调问题，从而将边界往市场方向上调整。这并不意味着科斯定理失效了，而是意味着某些参数发生了显著的变化。

在大数据和人工智能算法的驱动下，数字市场通过卖家提供的差异化产品和服务显著降低了搜索成本，以更高的效率满足了买家的个性化需求。

我们还应该学到的是，快速发展的数字经济需要公共部门和私营部门之间建立有效的合作伙伴关系。在这一动态过程中，试验扮演着重要的角色，尽管并不是所有试验都能获得成功。政府需要在监管方面保持警惕，但又不能过分规避风险，以至于试验和创新被扼杀。中国的经验表明，这种合作伙伴关系行之有效，公共部门已经在鼓励创新与密切监控制度漏洞和钻空子行为之间达成了合理的平衡。

诚然，随着数字经济的发展，近年来有许多问题受到了极大关注，需要妥善解决。这些问题包括数据隐私和安全、平台的市场影响力、与自动化和人工智能相关的工作和技能要求、网络安全、数字技术在国家安全和国防中的作用。社会越来越意识到这些脆弱点和挑战，并已经开始寻找解决方案。然而，路漫漫其修远兮。只有不断进步，才能维护普惠性增长带来的切实利益。本书记载了中国过去 20 年在此方面积累的宝贵经验。

本书还表明，在中国看到的高度普惠性、数字化增长模式在更广泛的意义上对发展中国家具有重大借鉴意义。当然，各国的条件和制约因素存在差异，需要因地制宜。但其上行潜力巨大，值得进一步研究。

我们希望本书能够促进对数字经济的研究，并扭转过去一段时间出现的负面看法，至少某些国家关于数字经济的讨论已经走向消极的一面。我们还特别希望，本书阐述的中国经验有助于其他发展中国家将数字元素纳入总体增长和发展战略。

本特·霍姆斯特罗姆

克里斯托弗·皮萨里德斯

迈克尔·斯宾塞

备注：本特·霍姆斯特罗姆，麻省理工大学经济系 Paul A. Samuelson 经济学讲席教授，2016 年诺贝尔经济学奖获得者。克里斯托弗·皮萨里德斯，伦敦政治经济学院经济学皇家教授，2010 年诺贝尔经济学奖获得者。迈克尔·斯宾塞，纽约大学 William Berkley 经济学和商科讲席教授，2001 年诺贝尔经济学奖获得者。

概　要

新技术带来机遇，也带来挑战

在过去的两个世纪中，技术一直是主要驱动力，促成了前所未有的经济增长和繁荣（见图0.1）。然而，对个人、企业和政府来说，适应技术进步是一项巨大的挑战。经济学家约瑟夫·熊彼特将其称作"创造性破坏的风暴"，这是"产业突变过程，它不断地从内部革新经济结构，即不断地破坏旧的，又不断地创造新的结构"（熊彼特，1942）。人类面临的最大挑战之一以及无限机会的来源之一，就在于找到合适的方法，拥抱和利用技术，释放其巨大潜力，通过普惠性增长造福所有人（罗默，1990）。

要实现联合国可持续发展目标，就必须实现普惠性增长。然而，要将技术变革转化为普惠性增长，仍然有许多东西需要学习。即使在知识渊博的学者之间和见多识广的政策制定者之间，观点也存在很大分歧。有人认为，如果市场能够在没有政府干预的情况下自由运作，那么技术浪潮终将惠及所有人。还有人认为，如今只有对数字革命的速度和范围予以重大的政策干预，才能确保新技术为所有人创造机会，同时为无法适应新技术的人提供基本保障。

为了更好地理解数字技术是如何传播的，如何影响商业运营的，以及如何服务于劳动者、消费者和家庭的，我们仔细了解了中国的情况。中国是一个很有意思的例子，因为中国已经迅速采用了新技术并实现了非凡的经济增长。在"概要"中，我们将着重讲述从研究中获得的主要经验和教训，其中最重要的是数字经济的潜力，它能将"创造性破坏"转变为"创造性建设"，使技术进步惠及所有人。

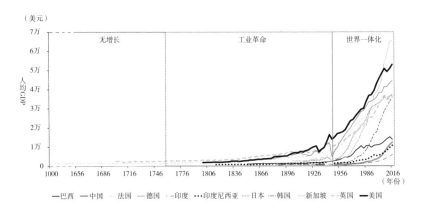

图 0.1　1000—2016 年各国、各地区实际人均 GDP

注：经济增长的三个阶段：无增长，工业革命，世界一体化（斯宾塞，2011）。GDP= 国内生产总值。

资料来源：麦迪森数据库，2018 年；罗汉堂。

什么使数字技术显得如此特别

数字革命的意义超过了以往所有的技术革命，其原因有三：一是数字技术的采用和渗透门槛低；二是用户成本低；三是数字信息具有非竞争性，即该产品不会因某个人的使用而减少其他人使用该产品而获得的利益，而更多人使用该产品反而能促进该产品惠及所有人，包括竞争对手和消费者。

电脑处理能力成本的指数级下降，互联网的蓬勃发展，使得即时共享大量的数字信息成为可能。移动设备在数量上早已超过了电脑，在扩大互联网的地理覆盖范围方面发挥了重要作用。2018 年，全球互联网用户突破了 40 亿，占世界总人口的一半以上。现在，低收入国家中超过 60% 的人有手机可用。数字信息的复制和使用成本接近于零。与实物商品不同，信息是非竞争性商品，这意味着它可以被多个用户同时消费和拥有（阿罗，1962）。

这两个特征对普惠性增长具有重大意义。一个国家的经济发展水平不再是其技术渗透速度的决定性因素，也不再是某项技术被采用后，其应用发展速度的决定性因素。许多人均 GDP 低于5 000 美元的发展中国家已经达到与发达国家大致相同的技术渗透率（世界银行，2016）。在不到 10 年时间里，中国的电子商务市场规模已经位列全球第一。2017 年，中国零售总额的 23% 来自电子商务（见图 0.2）。2011 年，中国和美国的移动支付总额分别为 150 亿美元和 83 亿美元。到了 2017 年，中国的移动支付总额已增长至 22 万亿美元，是美国的 100 多倍。

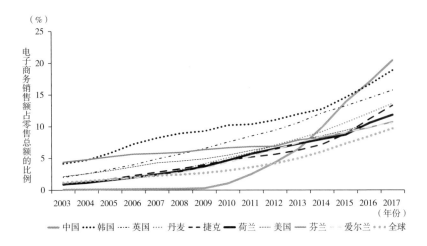

图 0.2　2003—2017 年各国电子商务销售额占零售总额的比例

资料来源：欧睿国际，2018 年。

中国和许多其他新兴经济体能迅速采用先进的数字技术有其必然性，因为除了数字服务提供的扩大市场、制造增长的机会外，消费者几乎没有或根本没有其他选择。以移动支付为例，在移动支付革命到来之前，中国一直是现金社会。移动支付革命帮助中国跨过了使用支票和信用卡的阶段，而这两种支付方式在发达经济体中仍被广泛使用。大多数非洲人几乎没用过电脑，他们首次可以大规模使用的数字设备是功能简单的手机。这使他们成为最早在手机上使用创造性应用程序的人群之一，这些应用程序涉及商贸、资金获取、医疗和教育服务等。图 0.3 表明经济发展水平和对移动支付的态度之间存在负相关。

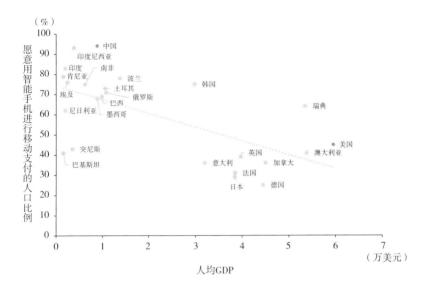

图 0.3　2017 年人们对移动支付的态度与人均 GDP 之间的关系

资料来源：国际治理创新中心，联合国贸易和发展会议，世界银行，罗汉堂。

数字技术应用的中国经验

一、数字技术可以成为普惠性增长的重要驱动力

第一，偏远和欠发达地区的消费者可以平等地获得各种产品和服务。

在前电子商务时代，是否靠近发达的商业区是区域普惠性的决定性因素，因为只有居住在商业区附近的居民才能享受到丰富

多样的产品和有竞争力的价格。数字技术改变了这一切，阿里巴巴的淘宝和天猫及其竞争对手的电子商务平台就是有力证明。首先，这些平台上的平均购物距离接近 1 000 千米，而传统市场只有几千米。其次，如果按收入水平计算，欠发达地区的人的线上支出比例并不低于发达地区的人。前者在电子商务平台上购买更多种类的产品，抵消了当地市场的劣势。最后，生活在贫困地区的人获得一流零售服务的机会有限，他们线上支出的增速超过了发达地区的人（见图 0.4）。

第二，地区、性别、收入、年龄之间的创业差距已经缩小。

通过帮助中小企业成长，尤其是帮助欠发达地区的中小企业成长，可以提升普惠性。淘宝是中国最大的电子商务平台，上面有超过 1 000 万家中小企业和初创企业。偏远和欠发达地区正涌现出越来越多新的中小企业（见图 0.5）。大约一半的线上创业者是女性，高于线下创业者中女性的比例。电子商务使大量女性

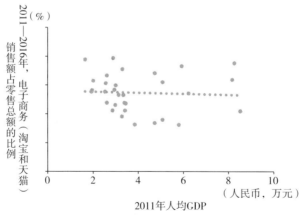

a. 中国电子商务销售额占零售总额比例与人均GDP的关系

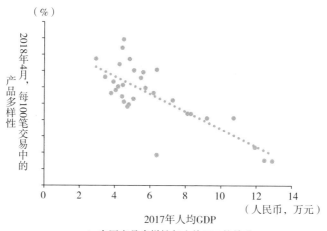

b. 中国产品多样性与人均GDP的关系

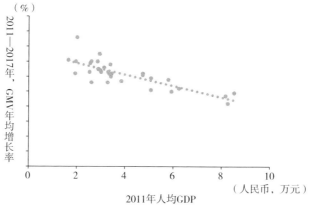

c. 中国电子商务GMV的增长与人均GDP的关系

图 0.4　中国电子商务区域发展情况

注：电子商务销售额占零售总额的比例是用淘宝和天猫的GMV除以零售
总额来计算的。产品多样性基于2018年淘宝和天猫交易的随机抽样样本，
以每个产品种类所包含的产品款式的平均数量来衡量。鉴于数据安全问题，
纵轴隐去具体数值。每个点代表中国的一个省或直辖市。该图未包括中国
港、澳、台地区数据。GMV= 商品交易总量。

资料来源：淘宝，天猫，中国国家统计局，罗汉堂。

能够在家中创业，工作时间比线下商业活动更灵活。

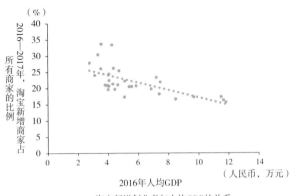

a. 淘宝新增创业者与人均GDP的关系

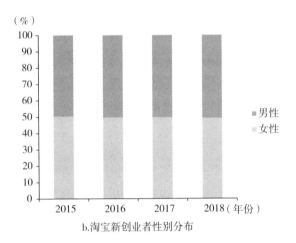

b. 淘宝新创业者性别分布

图 0.5　中国小微和初创企业的地区普惠性和性别普惠性

注：上图中每个点代表中国的一个省或直辖市；该图未包括中国港、澳、台地区数据。

资料来源：淘宝，中国国家统计局，罗汉堂。

电子商务也能使残障人士受益。2016 年，淘宝上有 16 万家网店由残障人士经营，销售额达到了 124 亿元人民币（约合 20 亿美元）。超过 90% 的销售额来自文化程度为高中或更低的卖家。这一年，1.6 万名视障人士获得了技术支持，在淘宝上创办了自己的网店。

第三，金融服务已变得更可及、更可负担、更可持续。

目前，中国在移动支付领域处于世界领先地位，全国 12.5 亿网民中的大多数使用移动支付，享受免费转账服务。商家仅需支持 0.6% 的手续费，是世界上最低的。通过丰富的上下文信息和人工智能算法，移动支付可以准确、实时地评估风险，大大降低欺诈发生率——与传统银行卡的欺诈发生率相比微不足道。数百万家中国初创企业不需要提供抵押物就可以获得贷款。4 年来，蚂蚁金融服务集团（以下简称蚂蚁金服）通过创新的"310"信贷模式（3 分钟申请、1 秒钟审批、零人工干预）向 800 多万家中小企业提供了无抵押小额贷款。

数字金融服务如支付、贷款、理财和保险，在中国迅速发展。2011 年，中国最发达地区还遥遥领先于其他地区（见图 0.6）。随着

图 0.6　2011—2017 年中国数字普惠性金融指数

注：在每个年份，所有区域被划分为 4 个颜色层，代表的指数区间分别为 80%~100%、70%~80%、60%~70% 和 60% 以下。颜色趋同表示数字金融的不均衡性减少。该图未包括中国港、澳、台地区数据。

资料来源：北京大学数字金融研究中心。

数字金融的发展，到 2014 年，许多地区都已经迎头赶上。到了 2017 年，最发达地区相对于其他地区的优势进一步缩小，金融服务的普惠性程度进一步提高。

二、对提高数字技术渗透率来说，降低技能门槛与提高技能水平同等重要

一旦技术被采用后，可以通过两种方式来提高技术渗透率。一种方式是提高人口的教育层次和技能水平。2016 年，世界银行指出，许多与技能相关的因素会阻碍普惠性增长：幼儿营养不良，受教育机会有限，基本的社会安全网缺失以及制度薄弱等。

另一种方式是降低使用新技术所需的教育和技能门槛。由于手机和互联网的技能要求极低，它们以前所未有的速度渗透到世界各地（世界银行，2016）。它们直接和间接地提高了识字率和基本数字技能，这表明数字技术可以成为教育的重要杠杆，应当尽早和全面地加以鼓励。

中国农村出现了线下电子商务供应商集群，被称为"淘宝村"。这体现了低技能门槛的巨大力量。沙集镇 10 年前还是贫困地区，人们依靠种田和回收废旧塑料维持生计。当地的大学辍学生孙寒在线销售自己设计的家具，大获成功，成为其他人的榜样。许多已经搬到城市工作和生活的年轻村民返乡，开始生产家具或自己开家具网店。无法移居到城市的老年人也参与其中。就连那些从未学过汉语拼音的人也借助手写识别软件在线做起了生

意，还做得风生水起。孙寒这样的企业家获得了管理技能，同时也培训了员工。电子商务促进了物流和零部件供应行业的发展，甚至发展出了摄影和产品设计等专业服务。在不到 10 年时间里，沙集镇就形成了中国最大的电子商务家具集群。

在持农村户口的企业家中，从事电子商务的人的平均收入远高于不从事电子商务的人（见图 0.7）。各种文化程度的人都是如此。值得注意的是，仅有小学或初中文化的人从事电子商务后，收入水平开始接近不从事电子商务的大学毕业生。在不同的"淘宝村"，我们都发现了类似的规律。

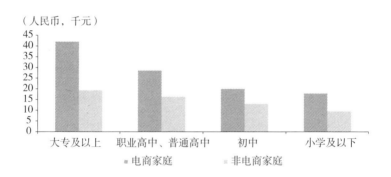

（人民币，千元）

电商家庭　　　非电商家庭

图 0.7　2016 年按文化程度划分的家庭人均年收入

资料来源：中国家庭金融调查。

数字技术使学习资源更容易获得、学习的成本效益更高。2006 年，淘宝推出了在线课程，旨在促进小企业的技能提升。目前，中国 99% 的贫困县每年可以学习 3 000 个不同的预录课程和 2 万多个直播课程。淘宝为贫困和偏远地区的公务员量身定制了公共部门培训。2015—2017 年，来自 765 个贫困县的 100 多万名公共部门工作人员参加了培训。这些活动是"淘宝村"和"淘宝镇"快速发展的关键驱动因素之一。

10 年间，M-PESA 让移动支付在许多发展中国家普及开来，这是低技能门槛的优点的绝佳例证。M-PESA 于 2007 年在肯尼亚被推出，之后扩展到非洲和东欧的 10 个国家，最终每年为 3 000 万名客户处理 60 多亿笔交易。为了克服信息和通信技术的局限性（特别是移动互联网速度慢甚至根本不存在），M-PESA 在现有基础设施的基础上进行了创新，以提供价格低廉且容易获得的服务。它使用 SIM 卡而不是应用程序，允许在功能简单的手机上获得金融服务和其他基本服务。M-PESA 设置了密集的网点，仅在肯尼亚就有 4 万个网点，甚至在偏远的村庄也有网点，这为账户注册带来了极大的便利。

李国权和张金瑞（2015）将 M-PESA 和支付宝等移动支付服务归因于"LASIC"原则——这些服务利润率低（low profit margins），都是轻资产业务（asset light），设计可扩展（scalable），充满创新（innovative），容易实现合规（compliance friendly）。从本质上讲，可扩展、可及和可负担是释放低技能门槛所蕴含的潜力的关键。

三、数字平台代表了一种新的交流和协作方式，能够促进经济和社会融合

数字技术从根本上改变了传统的在企业与市场之间的权衡（科斯，1937），促进了第三种制度形式的出现，即双边数字平台（梯若尔，2014）。一个成功的平台能够让所有的利益相关者参与进来、

相互协作并做出贡献，可以通过在参与者之间创建大量的互动来提升网络的价值。买方和卖方可以依据对方的反馈和数字足迹，实现更好的匹配，满足各自的需求。重要的是，数字平台提供了一种普惠性的协作方式，这种方式可以促进经济和社会融合。

数字平台也超越了电子商务和金融服务，彻底改变了商业运营方式和供应链。阿里巴巴旗下的千牛工作台，每月都有数百万家中小企业使用。该平台整合了数千种第三方商务工具，可以帮助中小企业进行市场营销、产品管理、在线运营、客户服务、现金管理、物流、商务咨询服务和数据分析，基本上涵盖了企业经营的方方面面。阿里巴巴的"淘工厂"平台将来自30多个行业的4万家工厂与淘宝卖家连接起来，形成了完整的供应链市场。淘宝卖家可以出售自有品牌和自己设计的产品，通常从小额临时订单开始，不需要拥有生产设备。这导致了产品种类的爆炸性增长。

数字平台与其说是企业，不如说是一个实现了经济和社会融合的生态系统，由一家企业创建和监管，向所有利益相关者开放。其经济价值来自看似无限的交流和协作的可能性以及极高的效率，所有这些都归功于数字技术的特殊性。例如，在中国蓬勃发展的移动支付不是一项独立的金融服务，而是数字平台上交易或社交互动的重要组成部分。而实时的数字信息又从根本上提升了信用风险评估的便捷性和效率。在数字生态系统中，消费者和中小企业同时是数字信息的用户、生产者和受益者。

当然，并不是所有的数字平台都是双边的，它们在普惠性方面可能有所不同。中国和其他地方的经验表明，总体而言，设计合理的数字生态系统可以成为普惠性数字技术渗透的强大驱动力。

宏观经济学家和贸易理论家一直强调，远离市场、缺乏产品和就业信息等带来的贸易和匹配摩擦是导致市场失灵（如存在闲置资源和贸易稀缺）的重要因素（戴蒙德，2010；莫滕森，2010；皮萨里德斯，2010；艾萨德，1954）。按照皮萨里德斯（2010）的观点，数字平台可以改善去中心化市场上的供需匹配，为所有人带来更好的市场结果。

对于去中心化市场机制的信息效率，哈耶克提出了开创性的论点，而新的数字信息技术为此论点带来了新的证明。他认为，与中心化的计划经济相比，去中心化市场能够更好地处理信息，从而更高效地配置资源。然而，我们知道，信息不完全经常会导致市场失灵，这也削弱了哈耶克的论点。随着信息技术的发展，数字经济强化了哈耶克的论点——市场受益于一种新型的"轮子"，即数字平台，促进了无摩擦的去中心化和更深层次的协作。

四、有效的数字技术渗透需要公共部门和私营部门密切合作

要进行创新，就必须搞清楚公共部门和私营部门各自的角色，这一点在数字技术和电子商务的发展中尤为明显。正如世界银行《发展委员会报告》（2008）指出的那样，公共部门在促进社会发展和经济增长方面可以做出重要贡献。公共部门需要保持政治和宏观经济稳定，实施连贯的发展战略，完善基础设施和创

建友好的监管环境，并且最好能预测私营部门的需求。

中国政府在确定国家数字化发展道路方面发挥了非常积极的作用。新的数字经济是由私营部门开创和推动的，但它同时得益于公共部门的支持：良性的监管环境、高效的基础设施建设和地方政府的支持。由于数字技术如此新颖，发展如此迅速，政府需要鼓励试验，即愿意承担风险、接受失败。中国政府的成功之处就在于允许企业家试错。中国政府将数字经济列为优先事项，并鼓励地方政府与私营部门展开密切合作。

数字技术与经济和社会融合是普惠性增长的关键要素，因此，积极消除区域和全球贸易壁垒，发展具有良好数字商业基础设施的经济特区，是一项非常重要的工作。无论经济体量或国内市场规模如何，情况都如此。

五、数字技术会带来不确定的影响，管控这一影响是一项挑战，但我们必须首先将事实与猜测和焦虑区分开

尽管强有力的证据表明数字技术能促进普惠性增长，但人们对数字技术带来的不利后果仍深表担忧并予以密切关注：技能要求的变化可能会带来技术性失业、私人信息被滥用、竞争政策滞后、不平等加剧。然而，很少有确凿的证据能表明这些不利后果真的会发生。相关学术文献仍然有限，大多数讨论是在新闻和社交媒体上进行的。我们将简要地讨论"数字技术带来风险"的说法。

机器让人失业了吗？如果因为数字技术而消失的就业机会比

数字技术创造的就业机会多，那么可以说出现了"技术性失业"，但并没有确凿的证据表明这种现象已经发生。全球失业率至少自1991年有可比较的统计数据以来一直保持相对稳定，尽管自那时起劳动年龄人口增加了近16亿，累计增幅达50%。机器人和人工智能仍然处于早期发展阶段，它们重现复杂推理的能力仍然是一种猜想。此前的技术变革浪潮伴随着担忧，人们害怕这些技术变革会造成大规模失业，而这些担忧最终被证明是杞人忧天。

话虽如此，数字革命仍将在劳动力市场上制造更大的"扰动"。那些无法适应新技术的人，可能会感到被排斥在进步之外。如果不对人力资本的落伍施以缓解政策，家庭就会遭受毁灭性打击，社会稳定就会被破坏。工作性质的变化要求加强公私合作，从而重新培训现有劳动适龄人口，并借助数字技术改造教育系统。

科技企业，特别是那些运营数字平台的企业，是否变得过于强大了？真正的问题不在于"超级平台"的规模，而在于它们的主导地位是否面临着竞争。我们的研究表明，在大部分情况下，这些"超级平台"确实面临着这样的竞争，至少在中国是这样。

即便是最大的数字平台，也无法免受竞争压力，这至少有两个原因。第一，竞争对手通常提供的是差异化产品。第二，更关键的一点是，卖方和买方都可以同时选择多个平台。

隐私是否受到了越来越大的威胁？回答这一问题的挑战在于，如何从各个角度理解数据共享的风险和回报。数据共享对数字经济的逻辑至关重要，因此，我们无法在完全保护隐私和完全不保护隐私之间做出绝对的选择。如何取舍取决于具体情况。而在这种情况下，选择保护什么和披露什么就变得更加困难，因为隐私既与人的尊严有关，也与经济财产有关，不同的社会群体不可避免地会对取舍有不同的看法。

有一篇关于隐私问题的早期文献提到，对信息追踪征税的隐私监管政策会产生模糊不清的福利效应（戈德法布和塔克，2011）。很少有人能清楚地知道他人、机构和政府掌握了关于自己的多少信息。他们可能不太清楚这些信息是如何被使用的以及这会产生怎样的后果。这些挑战导致了经典的隐私悖论（巴恩斯，2006；阿西等，2017），即人们总是声称非常关心自己的隐私，但往往忽略了自己的线上行为带来的风险。当然，公共部门和私营部门可以做很多事情来告知和保护消费者。

数字技术可能带来隐私和信任问题，但也可能为相关解决方案做出贡献。将脱敏、加密和安全多方计算等技术与用户许可流程相结合，就可能减轻与隐私相关的许多担忧。

总体而言，技术和不平等之间的关系尚不清楚。过去 30 年的研究表明，薪酬不平等变得更加严重，而技术革命是其潜在原因之一，但实证证据既有支持这种说法的，也有反对这种说法的。克鲁格（1993）发现，在工作中使用电脑的劳动者比不使用电脑的劳动者多挣 15%~20%，而迪纳多和皮施克（1997）则认为，使用电脑的人拥有未被注意到的技能，当电脑被引入高薪岗位时，这些技能便带来了较高回报。

显然，技术对社会的影响是不均衡的，这种影响因技术和应用而异。它创造了赢家和输家，但也产生了明显的普惠性影响。在发展中国家和欠发达地区，新的市场准入和市场机会带来的收益更加明显，正如中国的经验所展示的那样。正确的目标不应该是为保护输家而维持现状，而应该是寻找能够推动生产力发展的途径，同时为所有人创造平等的经济机会。

我们认识到，虽然数字技术总体上是普惠性机会的主要提供者，但它也提出了复杂而重要的社会和经济问题，这些问题值得进一步研究，也必将在我们今后的研究计划中占据一席之地。

呼唤新的发展范式

本书指出了数字技术在哪些方面对中国的普惠性增长产生了重大影响，并就如何在全球推广中国经验提供了一些见解，特别是在那些最需要普惠性增长的地区。

我们呼吁新的数字发展范式，其关键内容如下。

首先，关于数字技术影响力的讨论大多集中在其成本和潜在风险上，但我们也应该注意到，数字技术为普惠性增长做出了宝贵贡献，在微观层面和宏观层面都如此。部分女性、穷人和残障人士等一度弱势的社会经济群体被充分赋能，获得了前所未有的服务。随着数字技术的引进和推广，中国的偏远和最不发达地区获得了巨大的推动力，数字技术的潜力得以释放，这些地区与发达地区的差距得以迅速缩小，那里的人们得以在广阔的市场上获得产品和服务。但中国和世界上其他国家和地区仍有许多工作要做。

其次，数字技术之所以能够产生积极影响，是因为它能够打破传统市场上的关键信息壁垒，降低有效使用数字技术所需要的技能水平。特别是，为了提高数字渗透率，降低技能门槛与提高技能水平同等重要。数字市场的特殊性有助于应对交易匹配、信任和合同执行方面的挑战。数字平台可以使市场更加高效，吸引更多的参与者，提高产品多样性。数字平台在创造一体化的数字生态系统方面发挥着关键作用，这种生态系统能够促进创新，促成市场内和市场间的新的协调模式。

再次，移动互联网和宽带接入等基础设施以及友好的监管环境至关重要。弱势群体和欠发达地区一旦能够参与到现代数字经济中，就会以可持续的方式对技能、培训和基础设施建设产生强大的正反馈效应。当然，这不会自然而然发生。公私部门的有效合作、市场一体化和数字平台力量的释放是数字增长战略取得成功的关键要素。

最后，我们必须妥善应对这一动态过程中的意外挑战，如对就业、竞争、数据隐私和社会平等的潜在不利影响。应对这些挑战的第一步是将事实与虚构和猜测区分开。全面评估技术的影响和应对其影响的最佳政策，将非常有助于获得大家的支持，更好地拥抱数字技术，释放其普惠性增长的巨大潜力。

今天的新兴市场同时面临着多种技术革命，包括电力革命、计算机革命和数字革命。这意味着这些市场很可能沿着不同于发达经济体的数字化道路发展（格申克龙，1962）。新兴市场的许多零售服务过去是由当地小企业和非正规部门提供的。在数字技术和电子商务平台的帮助下，大量中小企业应运而生，它们可以为远在千里之外的客户提供服务。

一种新的范式正在出现，它涉及规模更小、资本密集度更低、更环保的数字技术的广泛传播，这些技术促成了普惠性的分布式生产模式，为全球的穷人提供了更适合他们的产品。这些技术提供了似乎无限的机会，开发了更多人力资源和消费需求，而在过去很多个世纪中，这些资源是被浪费掉的。各种数字技术相辅相成，为关键市场创造了新的构成要素。得益于低技能门槛、低使用成本、数字信息的非竞争性以及平台带来的网络效应，数字技术的采用滞后大幅缓解，渗透率大幅提升，这带来了促进普惠性增长的更多机会（见图0.8）。

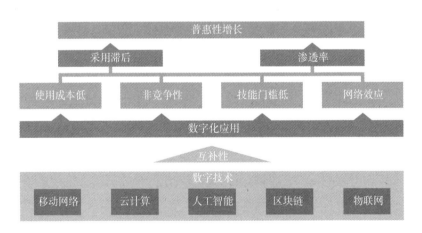

图0.8 数字技术推动普惠性增长的新途径

资料来源：罗汉堂。

　　我们越了解各种可能性和相关权衡，政府和其他机构就越容易制定促进普惠性增长的战略，这种增长有利于社会和政治稳定。如此一来，"创造性破坏"的过程就可以变为"创造性建设"的过程。

第一章

数字技术带来的机遇和挑战

技术变革是一把双刃剑。它为经济和社会的长期发展提供了无尽的机会，也可能在短期内带来破坏性影响，引起经济震荡和社会混乱。技术变革是社会空前繁荣的主要驱动力，它使人类摆脱了几个世纪前的"孤独、贫穷、脏乱、野蛮和物质匮乏"的生存状态，使贫困和暴力日渐减少，物质短缺越来越少见，物质改善的前景越来越广阔（平克，2012；罗斯林和伦隆德，2018）。但技术变革有时伴随着经济冲击和结构性变化，无法适应新形势的企业、劳动者和政府会因此受到生存威胁。技术变革虽然是取得长期进步的先决条件，但也可能是短期内经济和社会两极分化、政策僵局和政治动荡的根源。

平衡技术进步的成本和收益的一项基本要求是，技术的应用方式必须能够支持和促进普惠性增长。我们所说的普惠性增长能够提供平等的机会，确保所有人都能获得就业机会并从中受益，同时使最脆弱的社会成员免受潜在破坏性混乱的负面影响。

普惠性增长是联合国可持续发展目标不可或缺的一部分，也是各国的重要政策目标。自工业革命以来，技术革命对普惠性增长的影响一直是人们激烈辩论的主题。概括来说，有三大阵营：一是悲观主义者，即技术恐惧者，他们认为混乱和破坏不可避免；二是乐观主义者，即技术爱好者，他们认为增长的浪潮必将惠及所有人；三是现实主义者，他们认为普惠性增长是可以实现的，但前提是持续的政策干预和跨部门合作可以使较晚或较慢采用新技术的人免遭排斥。本书的目的是展示数字经济如何帮助我们将愿景变为现实。

悲观主义、乐观主义和创造性破坏

在技术推动经济发展的整个历史中，一些最聪明的经济学家认为技术对普惠性的影响是负面的，他们非常悲观，被称作"沮丧的科学家"。他们认为，机械化将不可避免地导致失业和不平等，劳苦大众的生活将难以为继。马克思（1894）认为机器是一种比工人更优越的生产投入，由机器驱动的资本主义将埋下毁灭自身的种子。

凯恩斯（1963）创造了"技术性失业"一词来描述"暂时性失调"，其他人则对可能出现的长期混乱和就业机会的永久减少表示担忧。每当重大技术创新浪潮引发人们对长期前景的担忧时，长期混乱、就业机会的永久减少这样的问题就会被再次提及。机器人永远不会老，也不需要休假，这让人们感到恐惧。牛津大学的一项研究加剧了这种恐惧，该研究表明，美国有47%的就业机会将受到自动化的威胁（弗雷和奥斯本，2013）。尽管作者后来表示，他们的发现并不一定意味着未来将出现"技术性失业"，但报道这一预测的头条新闻已经在全球被广泛转载，引起了悲观主义者的深切担忧。

历史表明，对整个社会来说，技术革命的失业效应大多是暂时的，尽管那些无法适应新形势的社会成员会经历漫长而痛苦的过渡阶段。以美国为例。1800年，美国90%以上的劳动者是农民。到 1900 年，这一比例已经降至 41%，而现在已不足 3%。然而，美国的失业率并没有发生结构性变化。在全球范围内，技术革命创造了数十亿个就业机会，其中许多是在制造业和服务业，数十亿人因此摆脱了贫困。现代历史的一个显著特点是，新技术为所有人创造了更多的就业机会，提高了每个人的生活质量。同样值得注意的是，评论家和分析师在预测这些趋势时缺乏想象力，对技术进步表现出了持续的焦虑。当然，我们对损失总是比对收益更敏感，这只是人类的本性（特沃斯基和卡尼曼，1991），尤其是当收益难以预测时。

在另一个极端，乐观主义者认为，从长远来看，经济增长必定是水涨船高、惠及所有人的。按照经济学家的预测，在均衡增长模型中，这种乐观的结果在以下条件都满足时就会出现：资本投入（购买厂房和设备的投入）的增长速度与劳动力投入和技术进步的速度相同；熟练劳动力和非熟练劳动力的供需保持平衡。即使不平等状况有所加剧，从长远来看，经济增长也会扭转这一趋势（库兹涅茨，1955）。这种乐观主义并不能说服悲观主义者，因为它不能直接应对经济在技术冲击下的短期动态反应，也不能消除就业机会和不平等状况在现阶段可能受到的影响。如果那些跟不上技术革命步伐的人被忽略，那么风险会随之而来——导致社会情绪高涨，这种情绪会阻碍（对更好地利用新技术而言很有必要的）政治和经济改革。毕竟，凯恩斯说过："从长远期来看，我们都会死去。"

熊彼特（1942）的术语"创造性破坏"最能概括短期技

冲击和混乱与长期经济增长之间的联系。正如他观察到的那样，市场经济"本质上是一种经济变革的形式或方法，它永远都不是静止的，也不可能是静止的"。维持经济运行的根本动力"来自新的消费品、新的生产或运输方法、新的市场、新的产业组织形式"。

工业革命促使生产规模不断扩大，运输和通信革命拓展了市场，两者都促进了竞争，以便从新产品和生产流程中受益。当前正在进行的数字革命进一步促进了基于平台的协作，打破了企业和市场之间的界限，引发了更激烈的竞争。数字信息的生成和共享使人类能够在全球范围内建立更复杂的文明（康纳，2016；豪斯曼等，2014）。在技术的帮助下，我们拥有了越来越强大的力量，能更好地使用材料、能源和信息（莫里斯，2013；伊达尔戈，2015），构建更加精细、基于法律和规则的数字化世界，大规模的人类专业化、互动和协作将变得更加经济和更具普惠性（赖特，2000；布鲁姆，2000）。熊彼特所说的"创造性破坏"会带来一系列重要结果，而现代金融、教育和通信服务只是其中几个例子。

这里的关键问题不是机器人和人工智能是否会让人类失业，而是如何确保这些技术创新为所有人提供生产率和报酬更高的工作，为所有人提供更具普惠性的机会，同时提供充分的社会保护，以缓解技术落伍对适应能力最差的人造成的破坏性影响。本书探讨的焦点并非是否要放弃寻找，而是如何磨砺技术变革这把双刃剑，在促进经济增长的同时，钝化其带来的破坏性影响。简而言之，我们要讨论的问题是如何将"创造性破坏"转化为服务于各方的"创造性建设"。

经济在过去是如何增长的

经济增长的历史就是技术创新和传播的历史，大致可以分为三个阶段（斯宾塞，2011）。18世纪中叶之前的至少800年是第一阶段，彼时全球人均GDP基本上停滞不前，增长微乎其微。接下来的200多年是第二阶段，工业革命先后在欧洲、美国和日本发生，人均GDP每年增长1%~2%。这种经济增长是选择性的，而不是普惠性的，工业化国家将其他国家远远抛在后面，造成了所谓的"大分流"（琼斯，2003；彭慕兰，2000）。

第三阶段开始于二战结束后，我们现在仍处于这一阶段。促进经济增长的技术革命的好处已经扩散到世界其他地方（格罗斯曼和赫尔普曼，1991）。在"雁行模式"（赤松要，1962）中，日本率先腾飞，接着是"亚洲四小龙"，之后是中国大陆和越南，所有这些经济体都能够在几十年间保持每年7%以上的增长率，相当于每10年翻一番。印度作为新崛起的大国，近年来增长势头强劲（见图0.1）。

这种广泛的经济增长模式可以用各国技术传播的演变来解释（科明和梅斯特里，2018）。200年前，各国收入差距相对较小。美国、加拿大、澳大利亚和新西兰被麦迪森（2004）称作西方旁支国家。这些国家和欧洲国家比其他国家平均富裕90%。

到 2000 年，这一差距已经扩大至 750%。如今，有证据表明，全球收入差距正在缩小，但这主要是由东亚和印度的快速发展推动的，预计这样的趋势会持续下去（见图 1.1）。

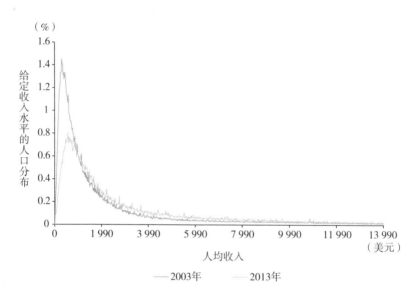

图 1.1　2003 年和 2013 年全球收入分配情况

资料来源：赫勒布兰特和毛罗，2015。

从长远来看，技术能给经济和社会带来实实在在的利益，这一点越来越明显。同时，我们也清楚地看到，主要障碍不是任何特定国家或地区缺乏动力，而是存在阻碍技术传播的系统性障碍。在全球经济增长的第二阶段，欧洲以外的大多数国家要么无法获得新技术，要么负担不起，因为它们还没有想好如何充分利用新技术并从中获益。二战结束后，这种情况有所改善，我们认为还有进一步改善的可能性。

审视最近几年的情况，就能清楚地看到，技术带来的好处在世界各地得到了更快的传播，尤其是在亚洲国家和地区。这是运输和通信技术快速改善的结果，同时与二战后建立的重要的全球性机构有关，如联合国、国际货币基金组织、世界银行和世界贸易组织。这些刺激因素共同构成了日益一体化的全球市场的支柱。亚洲经济体的腾飞并不是因为它们拥有丰富的资源，而是因为它们的劳动力受益于技术采用和技术渗透，这种优势与它们新发现的参与全球市场的能力结合在一起，形成了巨大的推动力（见图 1.2）。

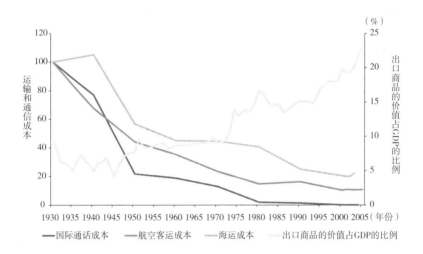

图 1.2　1930—2005 年全球出口商品的贸易成本及其价值占 GDP 的比例
注：左轴为运输和通信成本相较于 1930 年的变化情况（1930 年 = 100）。
资料来源：奥尔蒂斯－奥斯皮纳，贝特基恩和罗泽，2019 年。

　　事实上，通过一体化的市场进行技术传播是历史上反复出现的主题。技术进步使市场扩张变得越来越容易；反过来，更大的

市场能够提供更大的利润和更多的激励，从而促进技术进步。图
1.3 用贸易量作为衡量市场扩张情况的指标。从图中可以看出，
在工业革命时期，西欧的贸易量实现了大幅增长。

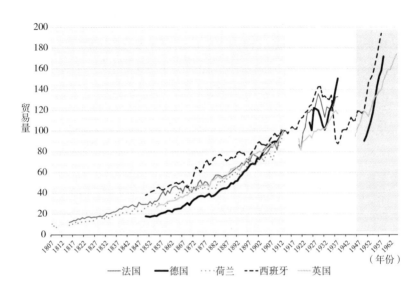

图 1.3　1807—1965 年西欧贸易量

注：以不变价格计算的贸易额（1913 年 = 100）。

资料来源：比较历史国民核算数据中心。

　　二战后，东亚经济体的贸易量也出现了类似的增长，出口额
占 GDP 的比例呈明显上升趋势（见图 1.4）。

　　不仅技术突破本身带来了更高的生产率和生活水平，适当的
机制、妥善的体制安排（它们促进了知识传播和市场一体化）也
发挥了作用（见图 1.5）。正如诺斯（1987）所指出的那样，现
代经济增长是制度发展的结果，这些制度"允许一个经济体受

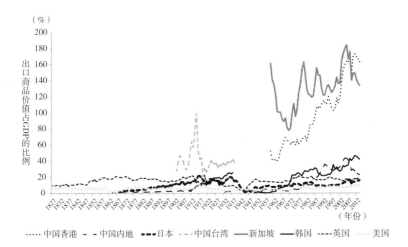

图 1.4　1827—2014 年各国或地区出口商品价值占 GDP 的比例

资料来源：米歇尔·富昆和朱尔斯·胡戈特，2016 年。

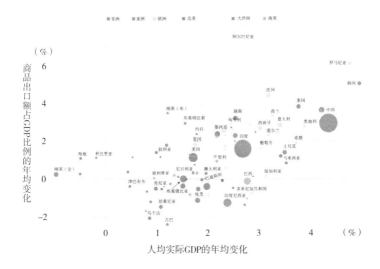

图 1.5　1945—2014 年收入和贸易增长

资料来源：米歇尔·富昆和朱尔斯·胡戈特，2016 年；麦迪森数据库，2018 年。

益于尖端技术所带来的专业化和分工，而这些技术是西方世界在过去几世纪中发展起来的"。

这种制度安排的主要目的是降低在市场上获取和传播信息的成本。"信息成本在很大程度上决定着交易成本，而交易成本包括衡量交换物的价值属性所需的成本，以及保护权利、审查协议和执行协议带来的成本。这些衡量和执行成本是社会、政治和经济制度的来源"（诺斯，1990）。

这种见解在数字时代非常重要，因为数字技术正在为信息的生成、处理和传输带来革命性的变化。经济增长的历史表明，数字技术和普惠性增长之间的关系取决于数字技术如何提高市场以及企业和政府等非市场组织对信息的利用效率。只有当增长具有普惠性时，技术传播所必需的全球和国家制度安排才能获得普遍支持，并得到维持和加强。正如本杰明·弗里德曼在《经济增长的道德意义》（2005）中指出的那样，当经济增长具有普惠性时，它就可以与促成更好制度安排的社会支持形成相辅相成的关系。如何将他的观点变为现实，这是一项挑战。

鉴于技术在塑造经济史方面所起的关键作用，仔细研究技术传播的过程将大有裨益。粗略地说，技术传播的成功取决于两个因素：技术采用和技术渗透。

技术采用是使用和完善新技术的早期阶段。1900年，发达国家和发展中国家的收入差距，大概有一半是因为"采用滞后"（科明和梅斯特里，2018）。然而，随着时间的推移，这种滞后有所缓解。例如，手机和互联网被发明后几十年内就惠及了全球大部分人，在发达国家和发展中国家都是如此。

再来说一下技术渗透。随着新技术被应用于越来越多的社会和经济活动，它可以实现越来越高的效率（科明和梅斯特里，2018）。

在第一次和第二次技术革命期间，富国和穷国之间的技术渗透率差距扩大，这导致了经济分化。在数字时代，技术渗透率能否以普惠的方式得到提升？这一问题变得越来越重要。对此，我们可以大有作为。

数字技术有什么不同

数字革命至少在以下四个方面不同于以前的技术革命。

第一个方面是其前所未有的渗透速度。在美国，各种技术的渗透率达到 25% 所用的时间均不相同：电话用了 35 年，收音机用了 31 年，电视机用了 26 年，电脑用了 16 年，手机用了 13 年，而互联网仅用了 7 年（见图 1.6）。

第二个方面是数字技术的渗透比早期技术革命更少依赖经济发展水平，这要归功于其可负担性的大幅提高。以数字技术采用指数来衡量，许多人均 GDP 低于 5 000 美元的发展中国家已经达到与发达国家大致相同的技术渗透率（世界银行，2016）。关于中国人均 GDP 的增长有很多讨论，但很少有人注意到中国同时在向数字经济快速转型。在过去 10 年左右的时间里，中国已经成为全球电子商务领域的领先者。2017 年，中国电子商务销售额占中国零售总额的 23%。中国经济逐渐向消费驱动型经济转型，尤其是线上消费（见图 0.2）。

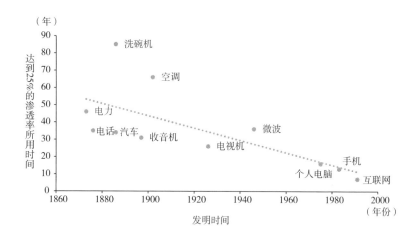

图 1.6　美国数字技术渗透率

资料来源：米克，2018。

在获得第一次技术革命，即工业革命带来的诸多好处后，新兴市场正大步迈向以电力为代表的第二次技术革命、以计算机为代表的第三次技术革命和以数字技术为代表的第四次技术革命。同时采用多种新技术意味着新兴市场可能会沿着与发达经济体截然不同的数字化道路前进。例如，美国前 100 家零售商的销售额占美国零售总额的 40% 以上，但在中国这一比例不到 10%（见图 1.7）。

与其他新兴市场一样，中国的零售服务中有很大一部分是由本地小企业和非正规部门提供的。借助数字技术和电子商务平台，更多的中小企业可以为千里之外的客户提供服务，这在以前是不可能的。新兴经济体可能不必再经历发达经济体经历过的零售业整合阶段。

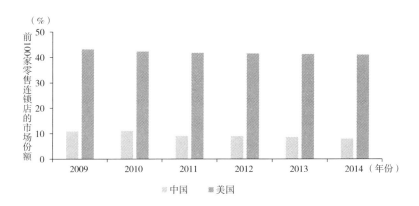

图 1.7　2009—2014 年中国和美国前 100 家零售连锁店的市场份额

资料来源：美国零售业联合会，2017 年；中国连锁经营协会和冯氏集团利丰研究中心，2014 年；罗汉堂。

第三个方面令人惊讶，那就是新兴市场的消费者和生产商普遍对数字技术表现出了更高的热情。联合国最近的一项调查显示，2017 年中国和印度 90% 以上的人都强烈或比较认同互联网利大于弊，而在美国，这一比例不到 70%，在日本，这一比例不到 60%（见图 1.8）。

人们对移动支付的态度差异更大，这体现在接受移动支付的受访者比例上——中国和印度尼西亚超过 90%，印度超过 80%，肯尼亚接近 80%，美国不到 45%，法国不到 31%，日本不到 30%（见图 0.3）。更普遍的是，新兴市场跨过了个人电脑时代，直接进入了移动互联网时代，不仅在开发和采用移动支付系统方面处于领先地位，而且在发展移动互联网所支持的丰富的、相互依存的生态系统方面处于领先地位。

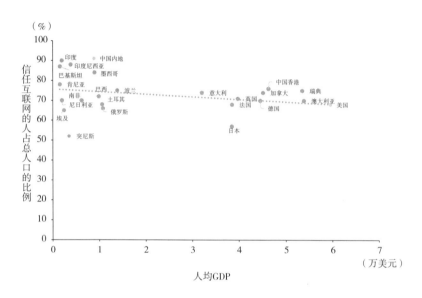

图 1.8　2017 年互联网信任度与人均 GDP 的关系

注：信任互联网的人占总人口的比例源于国际治理创新中心的调查报告，指的是对"你信任互联网吗？"这一问题给出了肯定回答的受访者。
资料来源：国际治理创新中心，联合国贸易和发展会议，世界银行，罗汉堂。

人们对数字技术应用的态度存在明显差异，背后的关键因素之一是，目前的金融和零售服务在新兴市场的效率往往要低得多。所以，按照经济学家的说法，在新兴市场上采用数字技术，边际收益要大得多。此外，发达市场上现有的传统服务提供商更倾向于抵制变革。

值得注意的第四个方面是，数字技术会带来意外的挑战：就业机会消失，技能要求迅速变化，隐私和数据安全以及竞争政策相关的问题。其中很多问题都非常复杂，尤其是与数字技术带来的好处纠缠在一起时。

我们应该如何拥抱数字技术

促进技术传播的主要驱动因素有两个：一是提高教育水平和技能水平以利用新技术，二是降低技术传播相关的技能要求。虽然这两大驱动因素都很重要，但在资源有限的情况下，我们有必要区分它们的相对重要性。掌握一项新技术需要花很多时间并且需要持续地边用边学。降低技术采用门槛更容易，也越来越重要。更低的技能门槛可以加快边用边学的进程，为新应用创造更多机会，促进规模经济和范围经济的发展。许多数字技术的技能门槛相对较低，这有利于实现上述两个目标。

较低的技能门槛大大加快了新兴市场的技术传播速度。根据世界银行的数据，发展中国家 80% 的成年人拥有手机。拥有手机的人比拥有干净水资源的人还多。如图 1.9 所示，到 2017 年，手机渗透率的提高与否不再取决于 GDP 的变化。如果说教育带来的惠普性是涓滴细流，那么较低的技能门槛带来的惠普性就是倾盆大雨。当前，技术传播的速度和普惠性都远超以前的技术革命，这是工业革命以来首次出现这样的现象。

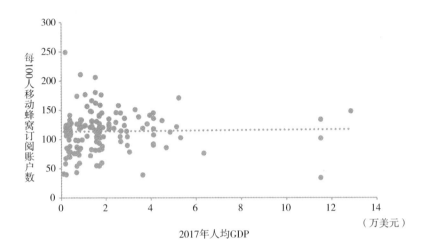

图 1.9 2017 年手机的使用与人均 GDP 之间的关系

资料来源：世界发展指标，世界银行。

综上所述，数字时代的新范式正在全球快速形成，这一范式为实现更具普惠性和可持续性的经济增长提供了新的、更好的途径。规模更小、资本密集程度更低、更环保的技术的广泛传播，促成了惠普性的生产和分配模式，能够以独特的方式满足全球贫困人口的需求，而大部分未开发的人力资本和潜在消费需求就来自这些人（卡普林斯基，2018）。

与此同时，通过振兴老工业区（阿格塔米尔和巴克，2016）和将旧工业部门改造成新的创新中心（莫雷蒂，2012），发达国家的知识多元化和集约化趋势也将提升普惠性。

有些数字技术被迅速而广泛地采用，是由多种因素驱动的。

它们的技能门槛和使用成本都比较低，并且彼此互补。数字技术的显著特点是网络效应明显，一个用户采用新技术，可以使区域市场、国内市场和国际市场上的其他所有人都受益。这一点极大地缓解了采用滞后，显著提高了技术渗透率，为各个国家提供了更多促进普惠性增长的机会（见图0.8）。

社会科学将政策分析和预测奠基于日益坚实的理论基础和实证证据上，这表明其已走向成熟。对于如何建设基础设施和营造商业环境，以便从数字技术的广泛应用中获得最大收益，很多人已经做过有趣的分析，并提出了很多政策建议。要想预测数字技术对增长和普惠性的影响，就必须从丰富的数据和可靠的科学试验中获得确凿证据。然而，技术爱好者和技术恐惧者的看法仍然大相径庭。双方都不理解数字技术是如何传播、如何使商业运作实现现代化以及如何服务于劳动者、消费者和家庭的。在经济分析中，市场和公司的运作长期以来被视为一个"黑箱"（皮萨里德斯，2010）。现在，我们要研究它们的微观基础，以更好地理解上述现象。

我们越理解当前面临的机会和相关权衡，就越能更好地实施相关战略，利用数字技术促进普惠性增长，应对意外的挑战。简而言之，熊彼特提出的"创造性破坏"可以变成更可行、更有力的"创造性建设"。

本书将从新兴市场的角度审视我们迄今为止在数字技术采用和渗透方面所学到的知识。虽然大部分讨论都是关于中国的，但我们的目标是探索数字革命如何创造出生产效率更高、报酬更高的就业机会，造福于每个发展中经济体中的每个人。

第二章

数字技术驱动的贸易

宏观经济视角

通过专业分工和市场竞争，贸易在促进经济增长方面发挥了重要作用。因此，我们从贸易开始进行实证研究，以探寻数字技术对普惠性增长的影响。在过去的两个世纪中，国际贸易呈指数级增长，彻底改变了全球经济格局（奥尔蒂斯 – 奥斯皮纳、贝特基恩和罗泽，2018；见图 2.1）。

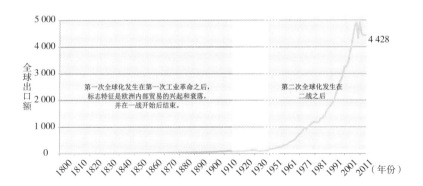

图 2.1　1800—2014 年全球出口额

注：以不变价格计算的全球出口额（1913 年 =100）。

资料来源：乔瓦尼·费德里科和安东尼奥·特娜·荣古图，2017。

显然，正如全球经济的增长一样，全球贸易也越来越具有普惠性。在过去数十年间，低收入国家间的贸易变得同最富裕国家间的贸易一样重要（富昆和胡戈特，2016；见图 2.2）。

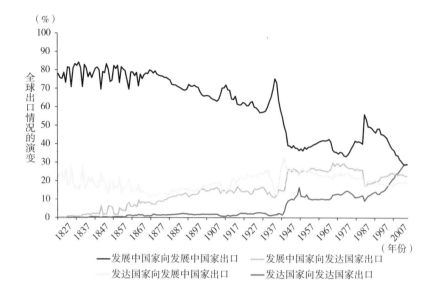

图 2.2　1827—2014 年发达国家和发展中国家全球出口情况的演变

资料来源：米歇尔·富昆和朱尔斯·胡戈特，2016 年。

　　全球商务正在稳步向线上转移。2004—2017 年，全球零售额的年增长率都不到 10%，而线上零售额的年增长率则超过了 20%。更重要的是，线上和线下零售额增长率的差距在 2011年以后进一步拉大，全球线上零售额占全球零售总额的比例也相应地持续增长，从 2004 年的不足 2% 增长到 2017 年的 10%（见图 2.3）。

　　在不同的国家和行业中，电子商务的渗透速度并不一样。将 2003 年以来的实际数据拟合成逻辑曲线，我们就会发现，中国的电子商务正在以比美国更快的速度向趋近饱和的方向发展（见图 2.4）。

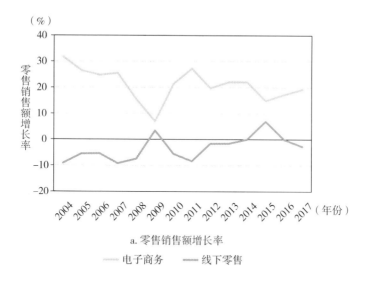

a. 零售销售额增长率

┈┈┈ 电子商务　　━━━ 线下零售

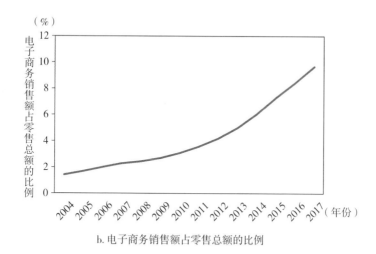

b. 电子商务销售额占零售总额的比例

图 2.3　2004—2017 年线上和线下零售额的增长率及其市场份额

资料来源：欧睿国际，2018 年；罗汉堂。

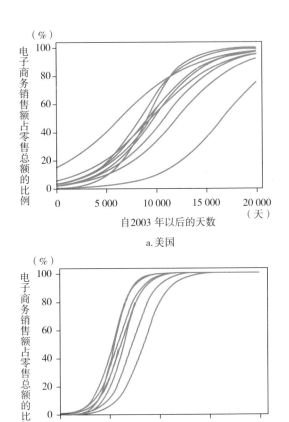

a. 美国

b. 中国

图 2.4　美国和中国电子商务在不同产品种类中的渗透

注：我们的模拟基于霍塔苏和西弗森的假设，即电子商务销售额占零售总额的比例最终将达到饱和（100%）。每条曲线代表一个产品种类，总共有10个种类，包括服装和鞋类、美容和个人护理、家用电器、消费电子产品、保健消费品、家庭护理、个人饰品和护眼产品、宠物护理、传统玩具和游戏以及视频游戏硬件。

资料来源：欧睿国际，2018年；罗汉堂。

电子商务的发展与人均 GDP 之间没有明确的关系。图 2.5 展示了电子商务销售额占零售总额的比例与人均 GDP 之间的关系。当人均 GDP 很低时，几乎没有电子商务，这可能与缺乏信息和通信技术基础设施有关。然而，一旦经济发展水平跨过某个门槛，电子商务的发展与人均 GDP 之间的关系就变得复杂起来。例如，捷克的电子商务销售额占零售总额的比例甚至超过了美国和日本，而爱沙尼亚的这一比例也超过了日本、瑞士、新加坡和中国香港等。

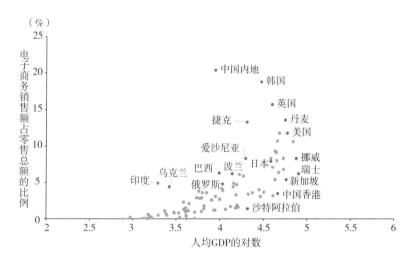

图 2.5　2017 年电子商务销售额占零售总额的比例与人均 GDP 的关系

资料来源：欧睿国际，2018 年；世界银行；罗汉堂。

　　从图 2.5 中可以看出，中国似乎是特例，这不是偶然的。中国在移动互联网、电子商务和电子支付方面发展得很快。截至 2018 年年底，中国的移动互联网用户已经达到 8.17 亿，其中大多数人都有网上购物的经历，网上购物每日活跃用户多达数千万。阿里巴巴的淘宝是全球最大的电子商务网站，有 1 000 万家中小企业和初创企业入驻开店，销售各种各样的产品。2011年，中国和美国的移动支付总额分别为 150 亿美元和 83 亿美元。到了 2017 年，中国的移动支付总额猛增至 22 万亿美元，是美国移动支付总额的 100 多倍。

这些消费者、供应商以及其他相关的市场参与者共同构成了数字技术大规模渗透的宏观经济场景，催生了前所未有的市场和经济一体化水平。本章接下来将研究微观经济形势，详细介绍电子商务如何影响了 14 亿中国人的生活和命运。

电子商务的范围和影响

一、可及性

1. 性别

在网上购物方面，中国的女性比男性更活跃。2017 年，女性贡献了 59% 的在线零售 GMV，完成了 66% 的订单数（见图 2.6）。

中国女性群体能快速接纳数字技术，而且她们通常有自己的银行账户。这两个因素大幅提升了她们的数字技能。

女性在所有的电子商务平台上都很活跃（见图 2.7）。在淘宝、天猫和拼多多上，女性的活跃度超过了男性。即使在主要销

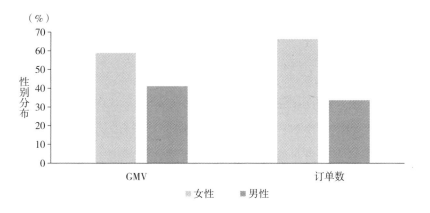

图2.6 2017年淘宝和天猫交易的性别分布

注：根据2017年淘宝和天猫交易的随机抽样样本计算。

资料来源：淘宝，天猫，罗汉堂。

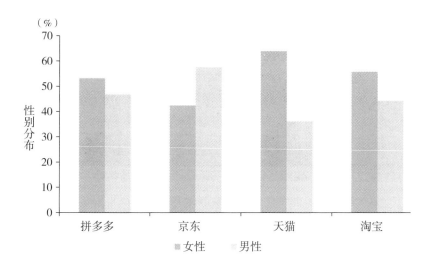

图2.7 2018年10月中国电子商务平台用户的性别分布

资料来源：极光，罗汉堂。

售电子数码产品的京东上，女性用户也占了42%。

2. 年龄

年轻人是网上购物最活跃的群体。2017年，24岁以下人群的网上购物订单数占总订单数的20%，25~34岁人群的网上购物订单数占总订单数的45%，35~44岁人群的网上购物订单数占总订单数的23%。34岁以下消费者的在线支出占在线支出总额的2/3，44岁以下人群的在线支出几乎占在线支出总额的90%（见图2.8）。

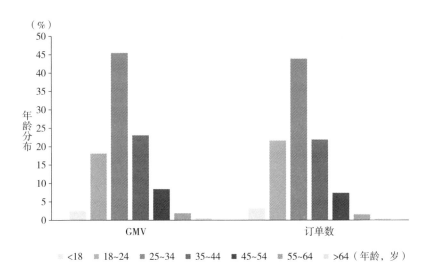

图2.8 2017年淘宝和天猫交易的年龄分布

注：根据2017年淘宝和天猫交易的随机抽样样本计算。

资料来源：淘宝，天猫，罗汉堂。

对于数字技术和自动化对年轻人就业前景的潜在负面影响，有些经济学家和政策制定者感到担忧。对那些拥有大量年轻劳动者的国家而言，这些担忧不无道理。但是，我们还没有发现自动化和失业之间存在明确的关联。此外，我们从线上消费中观察到的模式表明，年轻人能更快地采用数字技术，更好地利用快速发展的数字经济带来的各种社会、文化和经济机会。

3. 残障人士

借助数字技术，残障人士可以更好地克服行动障碍和阅读障碍。中国有 1 300 多万视障人士，其中 88% 的人必须借助屏幕阅读器才能阅读。但随着 Voiceover、Talkback、Zhengdu 和 Yongde 等软件的出现，越来越多的视碍人士可以通过语音指令上网。深圳市信息无障碍研究会已经开发了专门的技术解决方案，使残障人士可以参与电子商务。

2016 年 4 月—2017 年 5 月，共有 246 万残障人士在阿里巴巴的淘宝平台上购物，支出总额达到 221 亿元（约合 33 亿美元）。这些人大部分为 36~50 岁。与其他网上购物者相比，残障人士购买较多的产品是电动双轮车、农业生产物资、药品和保健品，而在旅行服务和游行相关商品方面的支出较少。

4. 地区

不同地区之间的收入差距仍然很大。过去 25 年里，随着中国经济的飞速发展，这种差距在持续扩大（坎伯尔和维纳布尔斯，2005）。中国内陆地区城乡居民的收入大约仅为沿海地区的2/3（樊静霆等，2018）。此外，城乡差距依然存在：目前，沿海地区的城市人均收入是乡镇人均收入的3倍，内陆地区是3.2倍。

收入差距扩大不是中国特有的问题。在经历过"大推动"经济腾飞的所有国家，都可以看到地区差距扩大的现象。然而，值得注意的是，欠发达地区的电子商务的支出比例并不比发达地区的支出比例低（见图0.4a）。此外，中国欠发达地区电子商务的发展速度比发达地区快得多。

的确，普惠性是所有电子商务平台的普遍特征。截至2018年10月，47%的淘宝用户、52%的拼多多用户来自三线城市，而中国最大的自营零售商平台京东也有40%的用户来自三线城市（见图2.9）。

5. 网上购物的增长

在电子商务方面，欠发达地区正在追赶发达地区，这也是普惠性不断提升的另一个迹象。2011—2017年，欠发达地区网上购物的年均增长率已经比发达地区高出13个百分点（见图0.4c）。

总体而言，在中国几乎所有的人口群体中，电子商务都是提升普惠性的巨大动力，女性、低收入群体和残障人士受益尤其明显。此外，电子商务也缓解了地区间的不平等。如果说还有一个问题值得担忧，那就是老年人群体的问题。年轻人似乎受益较多，很可能是因为他们更懂技术。如何让老年人群体融入数字世界，使他们共享数字世界的红利，仍然是一项重大挑战。

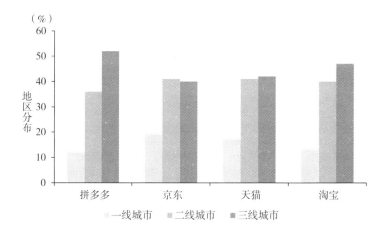

图 2.9　2018 年 10 月中国电子商务平台用户的地区分布

注：一线城市包括北京、上海、深圳和广州。二线城市主要包括省会城市和主要城市群的重点城市。三线城市的人口和经济规模往往较小，主要由地级市组成。

资料来源：极光，罗汉堂。

二、多样性

　　数字技术不仅极大地扩展了消费者的选择范围，也显著降低了消费者在所有选择之间进行抉择的难度。突然之间，电子商务几乎奇迹般地将各种各样的廉价产品呈现在人们面前，欠发达地区的人们对此格外欣喜。麦肯锡全球研究院的一项调查表明，由中国规模最大和国际化程度最高的城市组成的一、二线城市（中国城市的等级划分情况见图 2.9）的居民分别将可支配收入的 18% 和 17% 用于网上购物，而在规模小得多的三、四线城市，居民的在线支出分别占可支配收入的 21% 和 27%。在多布斯等人（2013）的一项调查中，当被问及什么鼓励他们进行网上购物时，三线城市 55% 的受访者提到"获得更多种类的产品"是主要原因；而在一线城市中，做出这种回答的受访者仅占 31%；在二线城市中，做出这种回答的受访者占 44%。

图 2.10 表明，以城市人口衡量的市场规模与线上支出占可支配收入的比例之间存在轻微的负相关。尽管中国东部沿海城市较大、较富裕，居民的人均线上消费水平也较高，但在那些较小和较不发达的城市，居民的线上支出占可支配收入的比例反而更高。

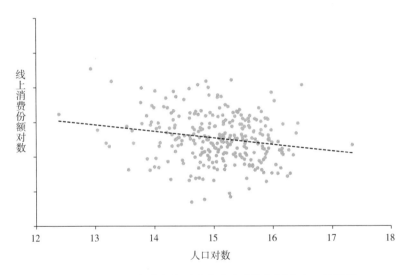

图 2.10　2016 年中国电子商务支出占比与城市人口的关系

注：电子商务支出占比是电子商务消费额占其收入之比。其中，电子商务消费额根据 2016 年淘宝和天猫交易的随机抽样样本计算。鉴于数据安全问题，纵轴隐去具体数值。

资料来源：淘宝，天猫；中国国家统计局；罗汉堂。

网上购物非常方便，具有极大的普惠性，弱势群体受益尤其明显。图 0.4b 显示了 2018 年上半年中国各个省份电子商务的产品多样性与该省人均 GDP 之间的关系。从图中可以看出，产品多样性与收入水平之间呈负相关，这表明欠发达地区的人们从产品多样性中获益更多，可以购买的产品的范围更广、种类更多。图 2.11 根据收入水平对中国 260 多个城市进行了分组，证实了上述结论。

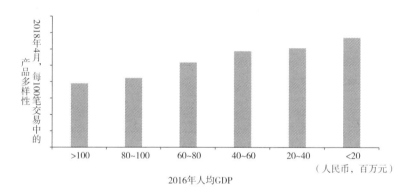

图 2.11　线上购买产品的多样性与当地收入水平的关系

注：产品多样性的衡量方法见图 0.4b。收入分组基于各地区的人均 GDP；每个柱体是按收入分组后，落入该组别的产品多样性的平均值。鉴于数据安全问题，纵轴隐去具体数值。

资料来源：中国城市统计年鉴，2016 年；罗汉堂。

在交通基础设施较落后、零售选择较少的地区，产品多样性更加重要。图 2.12 按运输能力对中国城市进行了分组。除运输能力最强的一线城市外，线上产品多样性与运输量之间呈负相关。换句话说，除了运输能力最强的地区，运输能力较差的地区的消费者，在线购买的产品更丰富。

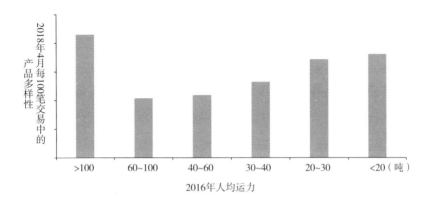

图 2.12　线上产品的多样性与当地运输能力的关系

注：产品多样性的衡量方法见图 0.4b。运输能力是指各地区人均货运量
（包括公路、水路、民航）的平均值。每个柱体是各个运力组别产品多样性
的平均值。鉴于数据安全问题，纵轴隐去具体数值。

资料来源：淘宝，天猫；中国城市统计年鉴，2016 年；罗汉堂。

　　总之，正如人们按照需求侧经济学所预期的那样，我们从上
述数据中得出了以下结论：电子商务为中国欠发达地区的消费者
带来了更大的边际收益。

　　从供给侧来看，近年来，网上可供选择的产品的多样性急
剧提升。图 2.13 表明，2011 年在淘宝上销售的产品有 3 300 种，
2016 年增加至大约 6 700 种，是 2011 年的两倍多。更重要的是，
不同厂家竞相生产或升级同一类产品，大幅提升了产品多样性，
产生了极大的范围经济效应。2016 年，产品种类几乎增长了两
倍，每个产品种类平均包含多达 11.3 款产品。

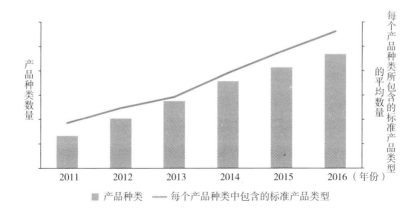

2011　　　2012　　　2013　　　2014　　　2015　　　2016（年份）

▨ 产品种类　—— 每个产品种类中包含的标准产品类型

图 2.13　2011—2016 年产品多样性变化

注：根据2011—2016年淘宝和天猫交易的随机抽样样本计算。鉴于数据安全问题，纵轴隐去具体数值。

资料来源：淘宝，天猫，罗汉堂。

　　总体而言，电子商务及其配套技术给消费者提供了更多的选择，引发了更激烈的市场竞争，为中国越来越多的地区带来了实惠的零售服务。线上产品的价格至少和线下产品的价格一样低，并且线上产品的价格不会随着时间的推移而上涨，而线下产品则可能涨价。这一规律也适用于美国。卡瓦洛（2017）发现，在大约72%的时间内，同一产品在线上和线下的价格是一致的，这表明市场竞争相当激烈。此外，卡瓦洛（2018）进一步考查了线上竞争及其所依赖的系统定价技术和互联网透明度如何影响了大型零售商的定价行为和总体通胀情况。在过去10年中，线上竞争不仅使价格变动更加频繁，也提高了美国所有地区产品定价的统一程度。通过集中调查同期线上和线下机票的销售数据，森古普塔和维金斯（2012）也发现，线上产品价格的离散程度明显更低。

三、距离

在经济学课本所描述的理想的无摩擦市场中，交易是连续的，交易量由供需均衡状态下的价格决定，基本上不需要考虑交易双方（参与者）寻找交易对手方所投入的时间和精力、执行合同的成本和建立长期关系（以维持持续交易）的困难。还有一点也被忽略了，那就是在不断变化的环境中，买卖双方需要构建和适应的时间、空间和层级网络体系。长期以来，人们普遍用一条"铁律"，即"引力模型"来定义"交易"——交易的数量和频率与交易双方之间的距离呈负相关，但与经济规模呈正相关。

上海是中国国际化化程度最高的城市之一。即使在上海最繁华、最受欢迎的商业区，也有超过 80% 的线下消费者居住在距离购物地点 10 千米的范围内（脉策数据，2015）。在本地进行交易似乎很自然，这不仅是因为时间成本，而且是因为交易的一个主要障碍是信息贫乏或不完全。如果相距较远的话，交易双方就无法互相了解，也无法获得关于产品和服务的种类、质量和价格的准确信息。

阿里巴巴在线购物平台的情形与线下购物形成了鲜明对比。除生鲜食品外，买卖双方的平均距离接近 1 000 千米，比传统交易半径高出了两个数量级。由此可见，线上交易已经冲破了传统的引力模型的束缚（见图 2.14）。

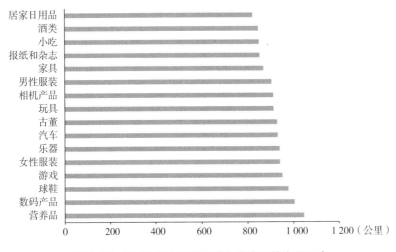

图 2.14　2018 年淘宝和天猫各类产品的交易距离

注：交易双方的地理位置取其所归属的省份的省会城市或直辖市。根据随机抽取的 2018 年某日淘宝和天猫交易样本计算。

资料来源：罗汉堂。

我们用引力模型对距离和交易之间的关系进行了更严谨的回归分析。结果表明，在线下交易中，交易双方的实际距离每增加 1%，交易量就会减少 1% 以上。在跨地区（或者跨城市）线下交易中，距离每增加一倍，交易量就会减少 120%。但在线上交易中，实际距离与交易量之间的相关性要低得多。也就是说，实际距离对线上交易的影响比对线下交易的影响要小得多。更具体地说，在线上交易中，两个地区之间的距离每增加一倍，交易量仅仅减少 41%。对中国的欠发达地区来说，实际距离已经不再是影响线上交易的决定性因素，这与在美国易趣上购物的情况非常相似。

我们的研究结果与之前的研究基本一致。这些研究全都表明，实际距离对线上交易的影响远远小于对线下交易的影响。不过，我们在回归分析中使用的数据与行伟波和李善同（2009）使用的数据相差 10 多年之久，人们可能会担心线下交易的弹性（需求对价格波动的响应性）会随着时间的推移而变化。然而，黑德和迈耶（2013）的研究表明，交易量的距离弹性在不同国家和不同时段是高度一致的。此外，我们发现，实际距离对线下交易的影响超过了其对线上交易的影响，雷德等人（2016）和霍塔苏等人（2009）的研究也得到了相同的结论。樊静霆等人（2018）报告称，由 2013 年淘宝平台的各省交易量计算出的引力系数为 –0.470，略高于由 2018 年淘宝平台的实物产品交易量计算出的引力系数 –0.409，这一差异背后的原因可能是近些年中国物流服务的持续改善（见图 2.15）。

不过，实际距离对电子商务仍然是有影响的，因为产品需要通过物流运送到消费者手中。中国交通和物流基础设施的快速发展在电子商务发展的过程中起到了关键作用，不仅降低了送货的成本，还加快了交货的速度。自 2014 年以来，中国公路、水路和航空运输的货运量位居世界第一。

2017 年，中国快递包裹量为 401 亿件，同比增长 28%，大约占全球总量的 40%。美国的快递货运量居世界第二，但其快递行业与中国的情况大相径庭。2017 年，中国快递货运量大约是美国的 4 倍，而中国快递包裹的平均成本只有美国的 1/5 左右。中国的人口密度是美国的 3 倍，而快递行业的工资成本不到美国的 1/3，这正是中美两国快递成本不一样的原因之一。不过，更重要的因素还有中国对交通基础设施的投资，以及新入局的民营企业之间日益激烈的竞争。过去 10 年间，中国的平均货运成本下降了 50% 以上。

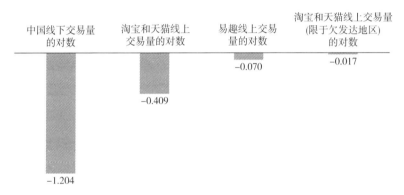

图 2.15　引力模型的距离系数

注：中国线下交易量的距离系数取自行伟波和李善同（2009），他们使用 2003—2005 年增值税收据数据来测算线下交易量，阿里巴巴线上交易量的距离系数是基于 2018 年 3 个月所有交易的随机抽样样本计算的。线上交易的发货和收货地址之间的距离计算与行伟波和李善同一致。以上所有交易量数据都取对数。

资料来源：淘宝，天猫；霍塔苏等，2009 年；行伟波和李善同，2009 年；罗汉堂。

线上购物者还很看重送货的可靠性和速度。10 年前，包裹的平均运送时间是数周，到 2017 年缩短至 3.6 天。在中国还出现了次日送达服务。2016 年，这种服务仅覆盖全国 1 000 个市县，而到

2018 年下半年，其覆盖范围已经扩大至 1 600 个市县。在许多大城市，消费者甚至还能享受到当日送达服务。中国于 2014 年开始在电子商务包裹上粘贴电子标签。2018 年，全国 90% 以上的电子商务包裹都已经采用了这项技术，这距离该项技术推出还不到 5 年。中国还对电子商务包裹采用了实时状态跟踪技术，使所有快递公司都能优化运输路线，使直接换装和配送的准确度分别提高了 40%和 10%。此外，2018 年"双 11"购物节期间，天猫国际平台还对来自国外的 1.5 亿个包裹采用了区块链技术，以消除买家对包裹来源地的疑虑。

四、普惠中小微型企业

1. 改善营商环境

　　普惠性创业是实现普惠性增长的另一个重要渠道。经济合作与发展组织的一份政策报告（2018）特别指出，弱势群体创业有助于增加就业机会，进而减少社会排斥和金融排斥，甚至能够刺激经济增长（见图 2.16 ）。

　　营造一个良好的营商环境非常重要，为此，世界银行开发出了一个指数来衡量各国的营商环境。该指数从多个维度来考查各国的营商环境，包括开办企业、办理施工许可证、获得电力、获得贷款以及纳税的难易程度（见图 2.17 ）。

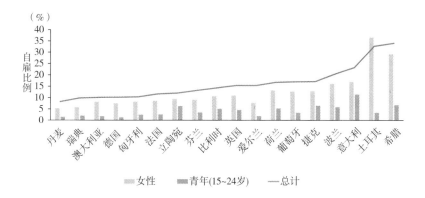

图2.16 2016—2017年欧洲各国自雇比例

资料来源：经济合作与发展组织；欧盟统计局劳动力调查，2017年；罗汉堂。

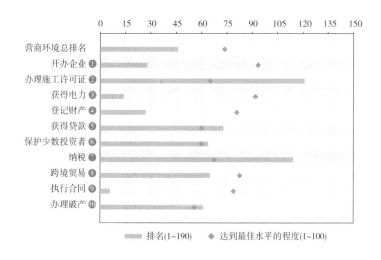

图2.17 中国营商环境排名

注：营商环境排名是基于图中10个指标的平均得分来计算的。中国的得分是北京和上海的人口加权平均值。到"最佳水平"的距离代表了达到最佳水平的程度。最佳水平是自2005年以来所有经济体在该指标下的最佳表现。到最佳水平的距离范围是0~100，其中0代表最低水平，100代表最佳水平。

资料来源：世界银行营商环境报告，2019年。

数字技术极大地改善了中国的营商环境。中国的整体营商环境在全球排名第 46 位，该排名很可能没有充分体现在中国开办小企业的难易程度。数字技术不仅改变了"开办企业"这一关键环节，还改变了中小企业的经营方式。

在"开办企业"这一指标上，中国不久前还排在全球第 28 位。这一指标的一项重要内容是开办一家企业需要多少道手续。最初，在中国开办企业需要七道手续，而现在，在电子市场平台上开办企业只需要一道手续。另一项重要内容是开办一家企业需要多长时间。最初，在中国开办一家企业平均需要 8.6 天，而现在，在电子市场平台上只需要 1 个小时。由于这两项得分发生了变化，中国的排名从原来的第 28 位跃升至目前的第 2 位。这种充满戏剧性的实例，凸显了数字技术支持的市场在改善营商环境方面的巨大威力。

2. 创业支持

中国的电子商务平台为创业者和初创企业提供了大力支持，这种支持无关年龄、性别、收入、种族或者任何其他人口统计特征。在淘宝上有 1 000 多万家中小微企业和初创企业，消费者和供应商更是不计其数。淘宝在 2018 年 1 月进行的一项调查表明，在淘宝平台上开办网店的创业者中，75% 是全职创业者，而且 95% 的网店雇用的员工数量都不超过 5 人。调查还表明，90% 的网店的创业资金都不超过 1 万元（约合 1550 美元）；41% 的网店希望发展自己的品牌，42% 的网店打算融合线上店铺与线下店铺；75% 的网店是独立店铺，20% 的网店同时在线下和线上经营；45% 的网店在线下市场采购，30% 的网店甚至还有自己的实体工厂（见图 2.18）。

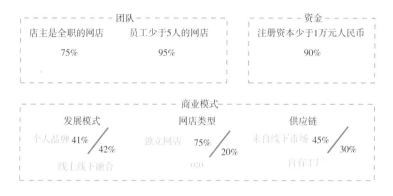

图 2.18　2018 年 1 月网店资本和劳动力需求调研

资料来源：淘宝，罗汉堂。

数字平台上的中小微企业与线下开办的传统中小企业有明显的不同，前者对创业资金的要求较低。网店不需要占用实体空间，并且可以实行精益库存管理，因此，其开办成本非常低。创业者无论来自哪类人群，都可以轻松创业。

3. 性别

在世界各地，女性在减少不平等方面扮演着极其重要的角色。就收入、教育和机会而言，女性历来处于不利地位。创业为女性提供了创造收入的有力手段，从而减少了性别不平等。2009年，日本可就业女性的就业率为 60%，可就业男性的就业率为

80%。按照亚洲开发银行和国际劳工组织（2011）的估算，如果这些女性的就业率也达到80%，日本会新增820万名劳动者，这不仅可以应对该国人口快速老龄化的问题，还可以将其GDP提升15%。

2011年，国际金融公司估计，总体而言，在新兴市场中，由女性持有全部或部分所有权的中小微企业占正规中小企业（800万~1000万家）的31%~38%。在线上创业这一领域，女性扮演的角色更重要。例如，在淘宝上，大约有一半的线上创业者是女性，这一比例在过去的10年中一直非常稳定（见图0.5b）。

淘宝的经验与国际金融公司的发现是一致的，即女性创业者在很大程度上倾向于创办规模较小的企业。在规模极小的企业中，有32%~39%是由女性创办的，在小型企业中，这一比例为30%~36%，在中型企业中，这一比例为17%~21%（国际金融公司，2011）。在电子商务刚起步时，人们曾经用"非正规"来描述线上零售行业。相对于男性创业者而言，女性创业者更有可能进入"非正规"行业，在服务行业和低附加值行业中经营规模较小的公司。此外，女性也更倾向于经营与居家生活相关的业务。电子商务具有较大的灵活性，可以使女性足不出户地创办企业和经营业务。

即使在数码产品等传统上以男性为主的行业中，女性创业者也越来越多。2018年，在淘宝平台上，女性创业者占了43%（见图2.19）。

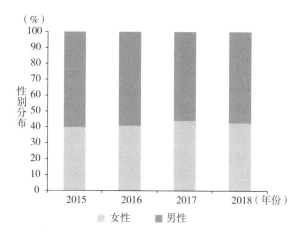

图 2.19　2015—2018 年淘宝数码行业新开店店主的性别分布
资料来源：淘宝，罗汉堂。

4. 年龄

　　当然，积极参与电子商务并且较容易获得成功的人部分是年轻的创业者。他们善于使用数字技术，在追求回报的过程中更敢于冒险。他们只有在尝试之后才知道自己不能做什么。然而，45 岁及以上的创业者的比例从 2015 年的 9% 增长到了 2018 年的 45%（见图 2.20）。

5. 残障人士

　　残障人士一直都很愿意从事电子商务。淘宝和其他电子商务平台也在有意识地吸引和帮助他们。2016 年，残障人士在淘宝平台上经营的网店多达 16 万个，创造了高达 124 亿元人民币（约合 20 亿美元）的销售额。令人惊讶的是，残障人士创业者的平均年

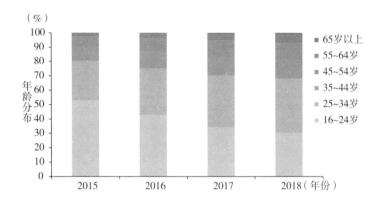

图 2.20　2015—2018 年淘宝新开店店主的年龄分布

资料来源：淘宝，罗汉堂。

龄明显高于非残障人士创业者的平均年龄。50 岁以上的残障人士卖家创造的销售额占残障人士卖家销售总额的 1/3（见图 2.21）。显然，电子商务为中老年残障人士创造了有利的营商环境。这可能反映出老年残障人士卖家销售的产品更有价值，而这些产品或许很难在线下售出。同样令人惊讶的是，高中及以下文化程度的残障人士卖家创造的销售额超过了所有残障人士卖家销售总额的 90%。残障人士卖家售出最多的 5 类产品和服务分别是网络游戏装备、定制产品、手工艺品、自行车和本地服务。

　　在淘宝残障人士卖家中，65% 有肢体残疾，其中 1/3 是一级或二级残疾。在阿里巴巴"信息无障碍志愿者"项目的帮助下，大约有 1.6 万名盲人在 2016 年开办了自己的网店。

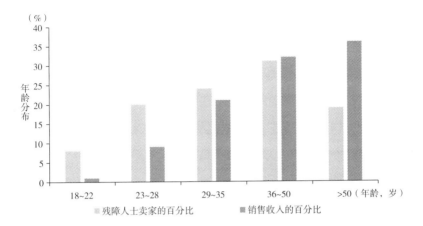

图 2.21　2016 年残障人士卖家的年龄分布

资料来源：淘宝，罗汉堂。

6. 地区

　　复合年增长率和经济发展水平之间呈明显的负相关，电子商务也不例外。在欠发达地区，数字平台能够提高在线创业的增长率，从而促进更具普惠性的经济发展。在西藏和新疆等欠发达地区，线上创业的发展速度远远超过了上海和北京等发达地区（见图 0.5a ）。

案例 1："淘宝村"和中国农村地区电子商务的发展

　　一个有趣的案例是，中国农村地区自发形成了线下电子商务供应商集群，即所谓的"淘宝村"。"淘宝村"是在同一行政村内形成的农村线上零售商集群，通常满足以下几个条件：居民自发从事电子商务，主要是在淘宝上开展业务；年度电子商务总交易额至少达到 1 000 万元；至少有 10% 的家庭积极从事电子商务，或者村民至少开办了 100 家活跃的网店。

"淘宝村"的数量增长极快，从 2009 年的 3 个增加到了 2017 年的 2 118 个（见图 2.22）。这 2 118 个"淘宝村"总共经营着 49 万多家活跃的网店，散布于全国 18 个省市，直接提供了 130 多万个就业机会。在浙江、广东和江苏等沿海省份中，"淘宝村"最多。

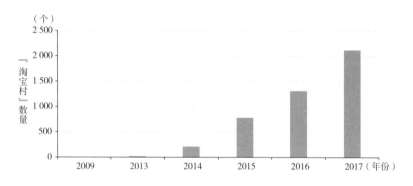

图 2.22　2009—2017 年中国"淘宝村"数量

资料来源：阿里巴巴，罗汉堂。

"淘宝村"可以发展成"淘宝镇"。"淘宝镇"是指至少包含三个"淘宝村"的城镇或地区。在某些农村地区，电子商务规模越来越大，形成了更大的"淘宝镇"集群。第一批"淘宝镇"在 2014 年出现，共有 19 个。到 2017 年，"淘宝镇"的数量已经增加至 242 个。

"淘宝村"和"淘宝镇"的快速发展证明了学习的力量。通过亲友联系，村民把电子商务知识传授给了自己的邻居和邻村村民。受到"先行者"成功经历的启发，邻居和邻村村民也加入了电子商务的浪潮，并往往涉足"先行者"类似的行业领域。

　　政府的扶持政策也有利于很多地区电子商务的发展壮大，在基础设施较好、邻近市场的农村地区更有可能出现"淘宝村"。大多数大型"淘宝村"（2017 年 GMV 至少达到 2 亿元）都靠近城市交通枢纽。这其中有一半以上的村民使用智能手机在互联网上从事各种商业活动（见图 2.23）。

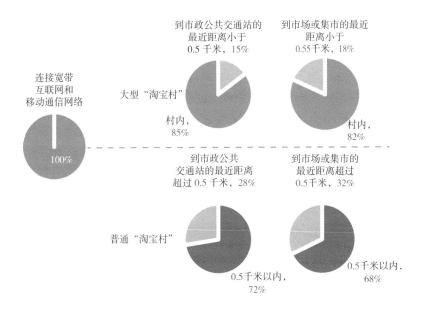

图 2.23　2017 年大型"淘宝村"到货运站的距离

资料来源：世界银行 – 阿里巴巴集团联合研究项目。

　　积极从事电子商务零售业的家庭可以被称作线上零售家庭，

这些家庭往往比仅从事线下零售业的家庭更富裕。最近的一项调查表明，对于拥有农村户口的家庭来说，从事电子商务的家庭的平均收入远高于不从事电子商务的家庭（见图 0.7）。无论文化程度如何，情况都是如此。特别值得注意的是，户主只受过中小学教育的线上零售家庭，其收入水平却接近那些户主有大学文凭而没有从事电子商务的家庭。

针对中国"淘宝村"的另一项调查表明，线上零售家庭的人均收入是非线上零售商家庭的两倍。由于这些家庭全都位于"淘宝村"内，我们可以更清楚地了解造成这种差异的原因究竟是文化程度的不同还是是否从事电子商务。我们发现两条清晰的规律：一是在文化程度相同的情况下，线上零售家庭的收入明显高于非线上零售家庭；二是只有中小学文化程度的线上零售家庭的收入并不低，甚至超过了具有中学或大学文化程度的非线上零售家庭（见图 2.24）。显然，电子商务似乎比文化程度更能推动家庭收入的增长。

贫困者可能更倾向于尝试新鲜事物并获得潜在的高回报，这是一种选择效应，或许是电子商务有助于快速缓解贫困的原因之一。非线上零售家庭中的贫困户比例高于线上零售家庭中的贫困户比例。在线上零售家庭中，只有 5.15% 被地方政府认定为贫困户。而在非线上零售家庭中，这一比例为 12.34%。在目前未被认定为贫困户的线上零售家庭中，有超过 11% 的家庭表示曾被地方政府认定为贫困户。

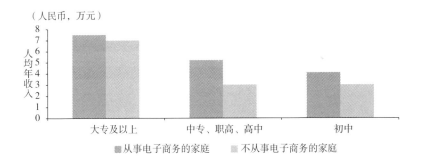

图 2.24 2017 年不同教育水平家庭的人均年收入

注：该调查于 2017 年由世界银行和阿里巴巴集团在中国农村联合开展，覆盖了 1 400 个家庭和 80 个"淘宝村"。被调查的村庄是按村庄电子商务 GMV 分层抽样的随机样本。

资料来源：世界银行–阿里巴巴集团联合研究项目，罗汉堂。

在"淘宝村"，电子商务提供了大量新的就业机会。2017 年，"淘宝村"的活跃网店数量超过了 49 万家。预计到 2020 年年底，"淘宝村"的数量将超过 5 500 个，不仅将为农村地区再增加 300 多万个直接从事零售业的就业机会，还将增加大量的间接就业机会。

这些都是收入不错的就业机会。农村地区电子商务从业者的收入相对较高，即便与城市地区私营部门的就业者相比，他们的收入也不算低。非熟练电子商务从业者的平均工资为每月 3 800 元，而非熟练非电子商务从业者的平均工资仅为每月 1 948 元。熟练电子商务从业者的平均工资为每月 5 429 元，而电子商务技术人员的平均工资则为每月 6 132 元，这两类人员的工资水平都超过了全国城市地区私营部门从业者每月 3 569 元的平均工资水平。显然，电子商务已经成为一种重要的、普惠性的增加收入的渠道，能让更多人参与到中国的经济增长奇迹中来。

案例2：沙集镇——被互联网改变的乡村

沙集镇位于中国江苏省北部，是著名的家具制造业集群。这里总人口不到 7 万，但却拥有超过 1.6 万个网点。2017 年，沙集镇的家具销售额达到 90 亿元（约合 13.32 亿美元），占全国家具总销售额的 3.2%（见图 2.25）。

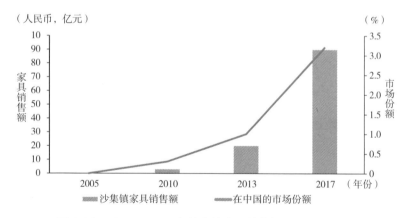

图 2.25　2005—2017 年沙集镇家具销售额及其市场份额
资料来源：中国国家统计局，罗汉堂。

与中国其他的制造业集群不同，沙集镇的家具行业主要是在电子商务的带动下发展起来的。中国的制造业集群主要集中在广东和浙江两省，都得益于当地的商业传统、地理优势以及外商直接投资。就在 10 年前，沙集镇还非常贫困和落后，当地居民依靠种田和回收废旧塑料维持生计，在家具生产和销售方面没有任何经验。

孙寒是沙集镇本地人，也是当地最早在淘宝上开办网店的创业者。读了两年大学之后，他决定退学并开始工作，在城里和沙集镇尝试过几份工作。2006 年，他购买了自己人生中的第一台台式电脑，在淘宝上开起了网店。起初，他销售电子设备和小件家具，但收入微薄。2007 年，受宜家家居设计和商业模式的启发，他雇用了几名木匠进行原创设计，并制作出来放到网上销售。因为款式时尚、价格便宜，这些产品很快就吸引了全国各地的消费者，第一个月的销售额就突破了 10 万元。

孙寒的成功经验很快就传开了。起初，他的成功只是引起了邻居的关注，不过邻居并不了解电子商务，也不愿意承担风险，毕竟他们不懂市场营销和生产方法。当孙寒成为百万富翁后，他的成功故事引起了更多人的关注。当地年轻人原来都进城寻找致富机会，现在却逐渐返乡，开始制作家具并经营自己的家具网店。越来越多的老年人也开始尝试，连那些从未学过汉语拼音的人也壮起胆子经营起了线上业务，他们借助手写识别软件来记载所有交易，很快就把线上生意做得风生水起。

产业集群带来了共赢。由于孙寒的工厂和网店无法满足全国市场的巨大需求，他很乐意与邻居分享自己的电子商务知识，帮助邻居开办和经营自己的企业。线上家具业务的快速增长带动了物流行业、零部件供应行业以及诸如摄影工作室和产品设计等新行业的发展。沙集镇在家具制造和线上零售业方面的专业化程度的不断提高，带来了生产和供应链成本的降低。这意味着每个人都能创造更大的销售额，从而获得更高的个人收入。

沙集镇的成功伴随着成长之痛。附近地区开始学习沙集镇的成功经验，这引发了激烈的竞争。起初，阻碍业务增长的因素是基础设施不足、经营管理落后和风险管理能力差，这些是当地普遍存在的问题。为了培育和保持竞争能力，工厂和网店开始纷纷注册自己的商标、加强设计能力、申请更多专利、推出定制服务。当地政府还投资兴建家具行业及其相关企业所需的关键基础设施，通过加强行业规划和管理，建立了一个充满生机与活力的市场。

中国最大的电子商务家具集群由此诞生。

本章小结

中国电子商务的持续成功表明，数字技术正在深刻地改变着中国经济。电子商务市场是人类历史上规模最大的综合市场，具有前所未有的特点：参与者（包括消费者和创业者）最多，特别是中小微企业和初创企业；选择的多样化程度最高；最大限度地连接了偏远地区和欠发达地区。电子商务已经培育出了新型市场，这种市场对创业资金的要求极低，企业可以为千里之外的客户提供服务，这是前所未有的。总体而言，中国零售总额的1/4

来自电子商务。得益于数字技术的采用，电子商务已经成为大多数中国人日常生活的一部分。

数字技术的渗透对普惠经济具有重大意义。最活跃的数字技术使用者一般都比较年轻，性别分布均衡，来自中国最贫穷的地区。简而言之，数字技术的传播是一个惠及所有人的浪潮。

第三章

促进普惠金融和社会保护的数字生态系统

普惠金融历来是一项挑战

罗纳德·麦金农（1973）最早使用"金融抑制"一词来解释金融与经济发展的关系。他发现，银行系统对一个国家经济增长的重要性远远超出了很多经济学家的想象。在那之后，虽然围绕金融与经济发展之间因果关系的学术研究（阿雷斯特斯和德米崔德斯，1997；金和莱文，1993；德米崔德斯和侯赛因，1996）并没有得出确凿的结论，但显而易见的是，如果没有金融中介的支持，任何现代经济体都不可能正常运转（肖，1973）。拉扬和津加莱斯（1998）的一项颇有影响的跨国研究表明，畅通的融资渠道确实能显著提高某些行业的增长率。

各种实证研究的结论之所以不一致，很可能是因为不同金融体系的构造不同。高效的金融体系构造需要相应的组织结构具备诸多关键要素，如适当的激励、足够强的执行力和训练有素的人力资本。执行力不足会使金融体系的性能产生巨大变化，而提升执行力能显著提升金融体系的性能。

由于普惠金融在促进经济增长和改善福利方面具有潜力，金融普惠性已经成为世界各国的政策制定者优先考虑的因素。按照联合国的定义，金融普惠性是指能够以合理成本广泛获得各种金融服务，这些金融服务由运行良好且可持续的机构提供。普惠金融致力于拓展个人和中小微企业获得金融服务的机会。

在历史上，金融基本上仅服务于富人和权贵阶层（弗格森，2009）。这并非蓄意歧视穷人和其他弱势群体的结果，而是因为向穷人和其他弱势群体提供金融服务通常无利可图。例如，向穷人提供贷款，不仅难以监控，而且风险大、规模小，这导致贷款人的预期回报比较低。

全球有 17 亿人没有银行账户和其他类似的交易账户。在发展中国家，该问题尤其突出，因为这些国家中小企业的比例比发达国家高。例如，东亚地区有 6 400 万家中小企业，撒哈拉以南非洲有 4 400 万家中小企业，拉丁美洲及加勒比地区有 2 800 万家中小企业（戴莫古克·康特等人，2018）。在世界上所有被排斥金在融服务之外的人中，有 24% 生活在中国和印度（见图 3.1）。

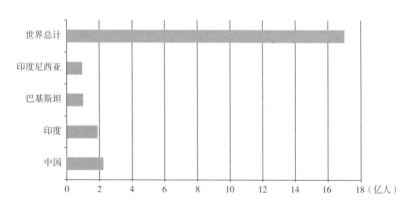

图 3.1　2017 年没有银行账户或类似账户的人口分布

资料来源：世界银行。

中小微企业通常将缺乏金融支持列在制约其增长的各种因素

之首。小企业比大企业面临更大的增长制约，因为它们无法通过正规渠道获取外部资金，这限制了它们的潜在增长和发展（贝克和戴莫古克·康特，2006）。

融资缺口指的是，在市场利率下资金需求量与可投资资金供应量之间的差额。国际金融公司估计（2017a），微型企业的融资缺口为 7 144 亿美元，而中小企业的融资缺口更是高达 4.5 万亿美元。另外，在微型企业和中小企业之间，融资分配也不均衡，96% 的可投资资金分配给了中小企业，只有 4% 分配给了微型企业（见图 3.2）。

据国际金融公司估计（2017a），中国的中小微企业的融资需求为 4.4 万亿美元，其中仅有 2.5 万亿美元的融资需求得到了满足，融资缺口为 1.9 万亿美元，相当于中国 GDP 的 17%。

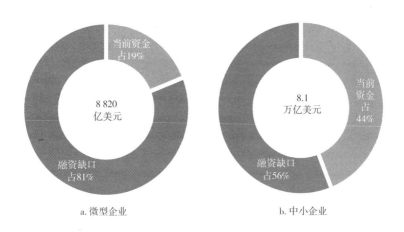

图 3.2　2017 年全球微型企业和中小企业的融资缺口

资料来源：国际金融公司，2017a。

普惠金融为什么如此具有挑战性

传统银行业严重依赖抵押物，而中小微企业往往缺乏抵押物。2013 年，中国的抵押贷款占上市银行放贷总额的 80% 以上，而中国大多数银行是上市银行。如果不算信用卡贷款，则上述比例还会更高。由于穷人很少有或根本没有机会获得抵押物，传统银行业不愿意解决他们的融资问题。2013—2017 年，中国抵押贷款占贷款总额的比例基本没有变化（见图 3.3）。

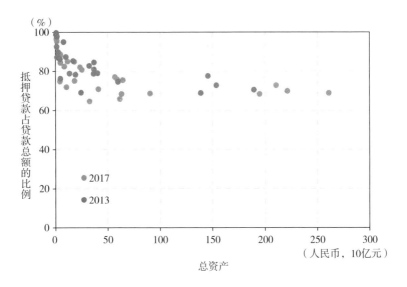

图 3.3　2013 年与 2017 年中国 A 股上市银行抵押贷款份额

注：数据来自中国 28 家上市银行。

资料来源：万得资讯，罗汉堂。

为缓解中小微企业普遍面临的融资困境，各方已经做过很多努力。1976 年，穆罕默德·尤努斯开创了"小额贷款"的先河，在孟加拉国向一群纺织女工提供了第一笔金额仅为 27 美元的现金贷款。此后不久，他又创建了格莱珉银行。自此以后，小额贷款就一直处于一场旨在促进金融普惠性、造福最贫困人群的全球运动的最前沿。最贫困人群既没有可抵押物也没有银行账户，而小额贷款为他们提供了摆脱贫困的机会。进入 21 世纪之后，联合国发起了许多类似项目，以帮助低收入者获得他们所急需的贷款。

作为帮助穷人摆脱贫困的一种方式，小额贷款理论上颇具吸引力，但是在实践中却很艰难。在孟加拉国，格莱珉银行的小额贷款已经惠及 250 万贫困人口，其中 90% 以上的受益者是女性（尤努斯和霍利斯，2003）。然而，小额贷款对金融和经济发展的影响相当有限（布尼雅等人，2016；塔罗齐等人，2015）。大多数实地研究都发现，小额贷款的接受率一直都很低。这种普惠的金融模式并没有如人们期待的那样形成促进投资、提高收入的良性循环。传统小额贷款既没有提升当地的创业热情和劳动参与程度（奥格斯堡等人，2015；塔罗齐等人，2015），也没有提高最贫困家庭的收入和消费水平（卡尔兰等人，2016；克黑朋等人，2015）。

问题的根源在于对信息的需求。如果借款人不能提供抵押物，银行就必须收集和分析潜在借款人的详细信息，如借款人获得成功的可能性、还贷意愿和还贷能力。在没有抵押物可以对冲风险的情况下，小额贷款的贷款人必须上门走访借款人的一些近亲属，从而与借款人建立互信。这项任务费时费力。

1974 年孟加拉国大饥荒之后，有着帮助穷人的崇高愿望的格莱珉银行成立了。然而，小额贷款的业务模式并没有革新信息收集和处理的方式。尽管这种模式已经在全球 100 多个国家被复制和推广，采用门槛很低，但它并未能战胜与信息采集和处理有关的挑战，而这些挑战是有效提供金融服务过程中所固有的。同伴监控和建立信任都需要本地信息，这就意味着无法以合理的成本来扩展业务。

有效的普惠金融体系必须解决一系列市场摩擦问题。长期以来，这些市场摩擦阻碍了金融服务变得更具普惠性，它们主要源于信息不对称带来的各种成本。下文将详述这个问题。

一、信息不对称

对发展中国家的金融中介而言，识别贷款申请人的风险特征很困难，成本也很高。这种状况必然会限制贷款申请人获得投资资金的机会（扎菲和罗塞尔，1976；施蒂格利茨和维斯，1981）。在发达经济体中，银行能够获得贷款申请人的信用评分（如美国的费埃哲评分），只需要极低的成本就能了解贷款申请人的风险特征。信用评分制度不仅能提高贷款的可获得性，还能降低抵押贷款、汽车贷款（安纳夫等人，2013）、信用卡贷款（格罗兹基，2012）和小企业贷款（弗雷姆等人，2001；彼得森和拉扬，2002）的成本。虽然信用评分机构确实能够提高贷款的可获得性并扩大贷款规模，但遗憾的是，发展中国家的大部分地区都还没有信用评分机构。德詹夫里等人（2010）发现，危地马拉共和国的一家小额贷款银行为其所有的营业网点引入一个征信机构后，其筛选能力得到了提高，贷款规模扩大了27%，还贷率提高了，违约率也降低了。

从需求侧来看，欠发达地区的借款人往往缺乏金融知识，很难理解现有的各种金融产品，因此，他们很可能做出错误的决定，甚至在资金需求非常迫切之时仍回避融资（希内等人，2012）。

二、监控成本

无论情况如何，金融机构存续的基本条件之一是能够以合理的成本对借款人进行监控并利用规模经济效应获益（戴蒙德，1984）。无论是小额贷款，还是商业银行通过实体网点向中小企业提供贷款，较高的监控成本都会阻碍债权人扩大其贷款规模。

对于不能提供抵押物的小额借款人来说，银行对借款人的监控成本特别高，而且银行的边际成本不会随着贷款规模的扩大而降低。格莱珉银行曾经试图用同伴监控的方法来降低监督成本并扩大针对穷人的贷款规模，具体做法是，让社区中比较有经验的借款人参与进来，帮助同社区中经验不足的潜在借款人同行与潜在贷款人建立信任，贷款人相信其同行有能力进行审慎的投资（施蒂格利茨，1990；瓦里安，1990）。然而，这种联保贷款方式需要更严格、更积极的监控，如常常到借款人家中实地查访。这在一定程度上解释了基于同伴监控的贷款为什么往往无法达到可行的规模。

三、其他交易成本

高交易成本既影响贷款人为穷人提供服务的意愿，也影响借款人使用金融服务的意愿。在欠发达地区，传统银行网点往往很少。正规的银行账户通常伴随着较高的交易成本，这是由不同因素造成的，比如，较难获得身份证明文件、等待时间长、服务质量差、取款费用高以及强制性最低余额较高。降低这些交易成本可以显著提高贷款效率，从而大大提高为新兴市场提供急需资金的可行性（杰克和苏里，2014）。

四、没有界定明晰的财产权

如果借款人能够提供抵押物，就不用提供过多信息。然而，由于产权界定不明晰，穷人往往无法向银行提供抵押物。秘鲁经济学家赫尔曼·德索托一直极力倡导更好地记录关于财产的信息从而明确产权，使穷人能够使用抵押物。在秘鲁，100多万名公民已经获得了他们对自己财产的所有权，这在很大程度上得益于德索托的倡导。然而，即使进行了这些改革，秘鲁最贫困人群仍然没有足够的财产可供抵押，因而仍然不能获得充分的金融服务。

可持续融资模式

随着数字技术的出现，一种易于扩展且稳健的新型小额贷款模式应运而生。数字金融是建立在个人数字身份证和相关信息的基础上的。我们在第二章已经探讨过，数字平台能够以极低的可变成本处理并产生大量数字信息。起初，这些信息主要被用于促进电子商务、汇款交易以及社交互动。后来，数字平台扩展至各种各样的产品、服务和支持性生态系统。

我们不妨看一看中国数字支付和数字金融服务的发展情况，尤其是阿里巴巴数字金融服务的演变。其他国家，如肯尼亚，走上了与中国不同的道路，也促进了可满足类似金融需求的相关数字体系的发展。

如今，中国移动支付的规模和数量都处于世界前列。虽然各家银行仍然处理着 95% 的支付业务，但非银行移动支付业务一直在快速增长。2011 年，中国和美国的移动支付总额分别是150 亿美元和 83 亿美元。到 2017 年，中国的移动支付总额已经超过了 22 万亿美元，是美国的 100 多倍（佛瑞斯特研究公司，2017；艾瑞咨询，2017；知颜咨询集团，2018）。2018 年第二季度，中国的移动支付市场交易量同比增长了 73%，交易额同比增长了 60%（新华网，2018）。

支付宝诞生于 2004 年，最初是为了解决线上购物过程中的信任问题。其独创的第三方托管系统极大地促进了数字支付的发展，现在已经成为阿里巴巴的电子交易市场——淘宝的技术基础设施的一部分。依托腾讯公司极受欢迎的社交网络微信，微信支付也迅速成长起来。新进入者的不断涌入和激烈竞争是中国迅速普及移动互联网服务的重要驱动力。

移动支付为一系列服务的扩展奠定了基础，包括餐饮、旅游和医疗等线下服务。移动支付系统是一个具有双向反馈机制的双边平台（梯若尔，2014），这意味着使用这项服务的客户越多，接受移动支付的企业就越多，反之亦然。短短数年间，中国已经从主要使用现金进行交易的国家变成很少使用现金的国家。

移动支付在中国成功的关键是，有效利用数字技术和信息技术突破了前文所说的各种制约，包括信息不对称、监控成本和交易成本等。秘诀在于，以极低的成本充分利用巨大的信息生成优势（由已经数字化的实体经济所产生的海量实时数据提供），同时运用日益强大和高效的人工智能算法。

显然，移动支付比传统银行卡更有优势。使用银行卡有一个主要问题，即很难核实谁在刷卡。当用智能手机进行支付时，物联网和生物识别技术可以快速且可靠地进行身份识别。物联网极大地丰富了人们联系、互动和交换数据的方式。拿智能手机扫一扫，就可以看到谁在使用当前账户、使用者是不是账户的合法所有者、账户上有没有足够的资金用于支付、交易是不是在受到胁迫的情况下进行的等详细信息。

贷款人能够获取丰富且实时的背景信息，从而当场进行风险评估，以极低的成本最大限度地避免欺诈行为。美国的支付服务提供商的欺诈损失率通常是 0.3%~1%，甚至更高。这意味着，每转账 1 000 美元，就有至少 3 美元的损失。如果将信用卡和借记卡都考虑在内，则中国境内传统银行卡的欺诈损失率大约为 0.02%。相比之下，中国的移动支付服务提供商面临的欺诈损失率要低得多，如支付宝的欺诈损失率低于 0.00005%

随着电子平台和移动电子支付系统的出现，中国与其他很多国家和地区已经发展出一种新的小额贷款模式，既便宜又安全，不需要抵押物。过去，金融机构根据很有限的信息来从事信贷中介业务，借款人需要提供抵押物，因此贷款人不需要收集太多信息即可确保借款人会还款，信息成本很低。中介机构自身的抵押物通常是其声誉，这十分有利于向消息不灵通的投资者筹集资金。

数字平台收集到的信息正在消除小额借款人提供抵押物的必要性。昂贵的"中介模式"和低廉的"平台模式"还有一个显著区别：在前一种模式中，借款人在申请贷款时需要提供相关信息，以证实自己所借资金将被用于营利性活动，供贷款人评估自己的信用（见图 3.4 和图 3.5）。

在数字平台模式中，可以根据来自平台的信息进行额度授信。事实上，贷款人对借款人信用状况的了解比借款人本人都更清楚、更全面。在这方面，平台模式更像西方的信用卡系统。但因为数字平台基于数字身份识别，并且整合了海量的数据，所以其成本远低于信用卡系统，也不容易出现欺诈。

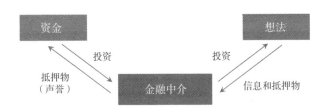

图 3.4　排他性中介模式

资料来源：霍姆斯特罗姆，2018 年；罗汉堂。

图 3.5　普惠性数字平台模式

资料来源：霍姆斯特罗姆，2018 年；罗汉堂。

另外，当参与者、产品和服务都具有数字身份时，与信贷相关的信息就会与数字生态系统所提供的其他金融和相关服务（如保险、医疗、租赁、旅游等）形成显著的协同效应。随着参与者之间的互动日益密切，各种金融服务会深深地嵌入实体经济中。

数字金融普惠性的证据

将金融科技（促进了金融服务供应的数字技术）和数字平台结合起来使用，可以赋予金融中介巨大的潜力，使其金融服务朝着普惠的、可负担的、可持续的方向快速发展。下面，我们提供了一些实证证据来证明这一说法。在这些证据中，我们关注的重点是女性、年轻人和欠发达地区的人，因为他们之前一直没有获得充分的金融服务。

一、个人用户模式

参与者都使用移动支付进行线上交易，因此，移动支付用户和线上市场用户具有类似的人口统计特征。

1. 性别

2017 年，支付宝用户中女性占 48%。这表明，在线下活动中，男性比女性更频繁地使用移动支付（见图 3.6）。

2. 年龄

在使用数字支付的人群中，年轻人占绝大多数。他们参加工

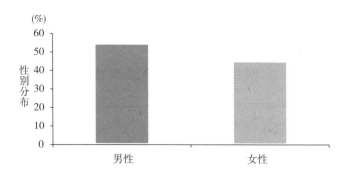

图 3.6　2017 年移动支付用户的性别分布

注：性别分布是根据 2017 年支付宝用户的随机样本计算的。

资料来源：支付宝，罗汉堂。

作不久，经济条件比较拮据，因此能够提供的抵押物较少，无法充分获得传统支付渠道的服务。与此同时，如第二章所说，他们在所有年龄段人群中最倾向于使用移动支付（见图 3.7）。

3. 地区

在欠发达地区，移动支付发展更快，其普惠性得到了相应提升。从图 3.8 中可以看出，经济发展水平（用人均 GDP 衡量）与移动支付增长率之间呈明显的负相关，即欠发达地区的移动支付的增长率高于发达地区，这表明欠发达地区的人们没有充分享受传统支付渠道提供的服务，而移动数字技术大大增加了他们获得金融服务的机会。

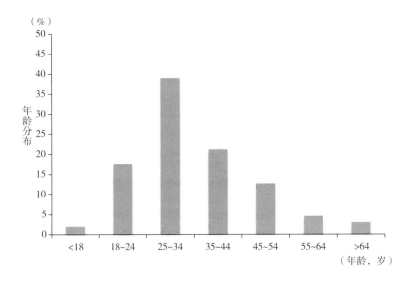

图 3.7 2017 年移动支付用户的年龄分布

注：该分布根据 2017 年支付宝所有用户的随机样本计算。

资料来源：支付宝，罗汉堂。

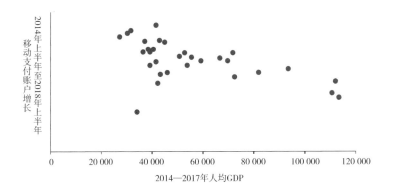

图 3.8 中国移动支付用户增长和当地人均 GDP 的关系

注：每个点代表中国的一个省或直辖市。鉴于数据安全问题，纵轴隐去具体数值。该图未包括中国港、澳、台地区数据。

资料来源：中国国家统计局，罗汉堂。

4. 可负担

中国的移动支付的手续费已经很低了。美国商家使用信用卡的平均手续费大约为 3%，而在中国仅为 0.6%。在美国，个人账户之间的国内转账手续费大约为 1%。在中国，这些转账基本上是免费的；只要转账金额不超过 5 万元人民币（约合 7 500 美元），通过移动支付进行跨行转账也是免费的（见表 3.1）。

表 3.1　2018 年中国转账成本比较

银行间转账金额（人民币：元）	银行支付服务		数字支付	
	柜台转账手续费	自动取款机	网上银行	移动银行
<2 000	2 元 / 每笔交易	1.6 ~ 2.4 元 / 每笔交易	免费	免费
2 000 ~ 5 000	5 元 / 每笔交易	4 ~ 6 元 / 每笔交易	免费	免费
5 000 ~ 10 000	10 元 / 每笔交易	8 ~ 12 元 / 每笔交易	5 ~ 10 元 / 每笔交易	免费
10 000 ~ 50 000	15 元 / 每笔交易	12 ~ 18 元 / 每笔交易	7.5 ~ 15 元 / 每笔交易	免费
>50 000	0.03%（不超过 50 元）	不支持	0.015% ~ 0.24%	免费或者 0.24%

注：转账费用基于 5 家银行（中国工商银行、中国建设银行、中国银行、中国农业银行和交通银行）在网站上发布的标准报价。

资料来源：利率信息网络，罗汉堂。

二、中小企业模式

电子商务的繁荣发展已经让几百万家初创企业获得了不需要抵押物的金融服务。在过去三年中，蚂蚁金服和很多金融机构开展了合作，通过其"310"信贷系统向 800 多万家中小企业提供了小额贷款。

1. 普惠金融服务

我们只要对不同发展水平的地区进行比较，就可以找到更多证据来证明数字金融的普惠性。首先，欠发达地区的中小企业的贷款增长更快。其次，数字技术驱动的小额贷款增长率与传统金融机构的数量之间存在强烈的负相关。如图 3.9 所示，人均金融

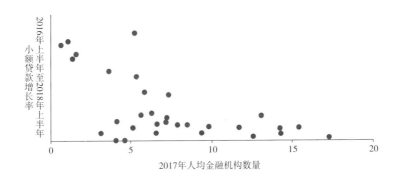

图 3.9 中国小额贷款增长率和当地人均 GDP 的关系

注：每个点代表中国的一个省或直辖市。鉴于数据安全问题，纵轴隐去具体数值。该图未包括中国港、澳、台地区数据。

资料来源：中国国家统计局，罗汉堂。

机构数量越少的地区，小额贷款的增长率越高。数字技术更明显地增加了欠发达地区的人获得贷款的机会。

数字金融服务包括支付、贷款、理财和保险，在中国各地发展迅速。2011 年，中国最发达地区与其他地区之间还存在着巨大差距（见图 0.6）。到了 2014 年，许多欠发达地区已经赶上来了。截至 2017 年（有数据可查的最近年份），领先地区和其他地区之间的差距继续缩小，这表明普惠性在不断提升。

图 3.5 所描述的数字平台模式具有很强的普惠性、可持续性和可扩展性，这些都得益于更低的成本和更高的收益。传统银行小额贷款的平均规模大约为 100 万元人民币，而浙江网商银行小额贷款的平均规模约为 2.6 万元人民币。尽管与中小企业打交道的风险比与规模更大、更成熟的企业打交道的风险大，但浙江网商银行的不良贷款率在中国所有银行中是最低的。

这里呈现的模式是很清楚的——数字信息有助于有效评估经营风险，这使得向中小企业提供贷款变得更有利可图、更可持续。这些中小微企业中的很多企业以前根本无法从传统银行获得贷款。平台模式扩大了信贷服务的范围，将其延伸到偏远地区的小企业，以及得不到充分服务的中小微企业。这预示着银行业未来的一个重要方向，既传统银行业将越来越专注于服务大企业，同时很有可能与金融科技公司进行合作，利用数字技术进行风险评估。金融机构之间的合作将以可扩展和可持续的方式提升偏远地区和其他金融服务不足地区的金融普惠性。

2. 信贷的影响

　　融资能力对小企业的销售额增长具有重大意义。豪斯曼等人（2018）在融资判断标准中使用自然断点得出了这样的结论：在获得贷款仅 1 个月后，销售额的平均增长率大幅上升约 9.5 个百分点，甚至在获得贷款半年后仍然保持了这一水平（见图 3.10）。

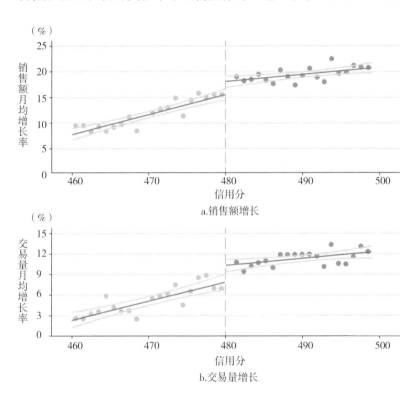

图 3.10　信贷机会对销售额的影响

注：数据样本期为 2014 年 9 月—2016 年 7 月。

资料来源：豪斯曼等，2018 年。

在一项相关研究中，陈涛等人（2018）发现，获得贷款还能
降低企业销售的波动性，而且这种影响具有很强的逆周期性。更
重要的是，波动性的降低主要集中在竞争更激烈的行业，以及经
济增长更慢、法律环境更脆弱和合同执行力较弱的地区见（图
3.11）。

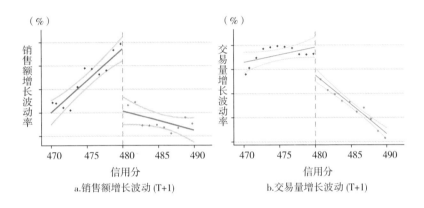

图 3.11　信贷机会对销售波动性的影响

注：样本期为 2014 年 11 月—2015 年 6 月。"T+1" 是指信贷获批后的一个月。
鉴于数据安全问题，纵轴隐去具体数值。

资料来源：陈涛等，2018 年。

数字信贷也已经成为个体、家庭电商融资的主要来源。"淘
宝村"的经验表明，缺乏资金支持一直是创业的最大障碍之一。
现在，数字技术驱动的小额贷款模式大大缓解线上零售面临的各
种金融约束（见图 3.12）。在所有尝试过借款的个体、家庭电商
中，完全通过非正规渠道进行融资（向亲朋好友借款）的家庭
占 46%。对通过正规或者半正规渠道进行融资的借款人来说，蚂

蚁金服是他们最主要的贷款渠道，其次是银行等其他互联网金融渠道。

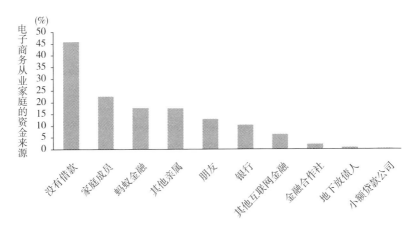

图 3.12　2017 年电子商务从业家庭的资金来源

资料来源：世界银行 – 阿里巴巴集团联合研究项目。

案例 3：医疗服务、教育和环境保护

数字技术正在从商业和金融服务领域，扩展到医疗服务、教育和环境保护等领域。事实证明，数字技术具有极高的效率和可扩展性，已经成为提高普惠性的一种强大力量。根据国际货币基金组织（2017b）和世界银行（2019）的相关报道，数字技术还有助于为穷人和其他弱势群体搭建更慷慨和更可靠的安全网，进一步提高普惠性。

一、医疗服务

蚂蚁金服意识到，许多线下夫妻店无力应对各种健康风险，因此于 2018 年 3 月联合国泰保险公司发起了一项福利计划，目的是为使用二维码收款的此类商店提供健康保险福利，这就是"多收多保"计划。

该计划用人工智能和区块链等最新数字技术来分析医院信息系统中的数据，建立起了"212"医疗费用报销流程，即提交申请只需要 2 分钟、获得批准只需要 1 秒钟、报销款项在 2 天内进入患者账户。在该流程中，风险管理包括数字病历核实、人工智能识别系统和人工智能反欺诈系统。

二、教育与培训

淘宝业务覆盖范围广泛，为培训中小微企业主及其员工提供了一个可扩展的平台。淘宝大学成立于 2006 年，目的是为入驻淘宝平台的线上零售商提供服务，以帮助这些小企业发展。截至 2018 年，这所大学招聘了 100 多名各行业专家，根据深入的实地分析设计了各种培训课程。有经验的淘宝线上零售商联合第三方培训公司和行业专家，基于自己的实践知识和批判性思维来筛选讲师。讲师需要接受严格培训，还要通过资格考试和学生反馈定期接受评估。

目前，淘宝大学在中国将近 99% 的贫困县市都开设了在线课程，每年提供 3 000 种预录课程和 2 万多次直播课程，还在全国 28 个省、243 个区和 880 个县开设了线下课程。淘宝大学建立了 18 个培训中心，完成了 150 多场培训，培训了将近 1.4 万人。

淘宝还有基于云技术的专业发展系统，其庞大的知识库有利于中小微企业主及其员工组织学习活动、交流从商经验。课程涵盖了供应链管理、人力资源开发、市场营销和品牌建设、线下和线上整合的新零售，以及拍卖、出口和休闲娱乐等专业领域。

除了培训国内的线上零售商，淘宝大学近年来还扩大了服务范围，为国际线上零售商和对口的地方政府机构提供服务。利用阿里巴巴的电子商务经验，淘宝大学致力于促进全世界中小企业的发展，吸引年轻的企业家，向他们提供切实可行的解决方案，帮助他们克服各种障碍。2017 年，淘宝大学在东南亚和澳大利亚为 2 600 多人举办了 30 场培训，这些学员来自老牌企业、初创企业以及致力于企业成长的政府贸易机构。

淘宝大学致力于为中国最贫困的偏远地区的公共部门提供培训，开设因地制宜的课程，传递切实可行的理念。2015 年 4 月—2017 年 3 月，淘宝大学在 765 个贫困县开设了 500 多门课程，培训了 112 万名来自公共部门的学员。这些教育成果不仅获得了企业主和地方政府的高度赞赏，也是"淘宝村"和"淘宝镇"快速发展的主要推动力量。

淘宝大学只是展示数字技术及其"创造性建设"如何改变普惠教育格局的一个例子。新的商业模式已经出现并扩大了高质量教育对每个人的影响。在地方政府的支持下，中国现在有将近

10 万名求知心切的农村学生可以看到城市顶级学校的直播课程。不仅如此，农村教师还可以在线学习最佳的教学经验。这种在岗培训成本极低，农村教师不需要专程到培训中心学习，学校也不需要因为他们离岗接受培训而招聘代课老师。

三、环境保护

全球面临严峻的环境挑战，每年都有 600 多万人死于空气污染相关的疾病。中国是经济大国，其经济的快速增长难免带来各种副作用。根据官方统计数据，全国 78.4% 的城市空气污染超标，42.5% 的水资源污染超标，31.1% 的土地面临水土流失风险（中国生态环境部，2015）。

政府、企业和个人都在努力解决这些问题。然而，探索大幅降低环境危害的有效途径需要财力支持，愿意尽一己之力的个人往往有心无力。

但是至少有三种途径可以让公民直接参与到环境保护中来。第一种途径是衡量"绿色行为"的影响，提高消费者的环保意识。第二种途径是从税收和监管角度采取经济激励措施，鼓励个人改变自己的行为，转向低污染的生活方式。第三种途径是把个人的环境保护愿望转化为具体行动，如在荒山野地里植树造林。

在这种背景下，蚂蚁金服于 2016 年 8 月发起了"蚂蚁森林"项目，以期教育、激励消费者和企业积极参与环保事业。

这个项目的核心宗旨是通过三种方式鼓励用户减少自己的碳足迹：将个人的碳减排数据直接发送到其智能手机上；将个人的虚拟身份和地位与其因为减少碳排放而获得的"绿色能源"积分挂钩；通过植树计划，向个人提供碳补偿现金奖励。

"蚂蚁森林"项目赢得了非常积极的响应，在 3 年中吸引了 5 亿多名注册用户，截至 2019 年 4 月，已经在中国沙漠地区种植了 1 亿多棵树。2019 年 9 月，"蚂蚁森林"获得了联合国环境规划署颁发的"地球卫士奖"。

在世界各地，人们正在努力利用数字技术建立自下而上的、普惠的和可扩展的绿色金融生态系统。2017 年 1 月，联合国环境规划署与蚂蚁金服建立了合作关系，在达沃斯共同发起了可持续数字金融联盟。

总之，"蚂蚁森林"项目为增进社会福祉建立了一种崭新的创新范式。这一范式由基于人性的激励机制和数字平台上的大规模社交网络所推动。依托现代数字技术的奇迹，该项目种植了更多树木，更多的生命得以延续和改善。

第四章

数字技术如何改变市场

请注意，在本章乃至全书中，很多例子都来自阿里巴巴的实践，这主要是因为阿里巴巴集团的内部运作和经营理念是我们最熟悉的。在涉及阿里巴巴的竞争对手及其商业实践时，我们也尽量从公开的信息中选用合适的例子。

　　普惠性增长的推动因素是技术进步和人人都有机会参与一体化的商品和劳动力市场（国际货币基金组织，2017b）。在宏观经济层面，市场一体化意味着具有普惠性的贸易和金融中介。但是，只要经济学家尚未充分理解每个市场中供需均衡的微观基础（买卖双方如何一起促成一个一体化的市场），我们就无法搞清楚数字技术对市场一体化的贡献。对供需关系的教科书式的分析遗漏了构成现代市场经济基础的某些关键要素，这些关键要素能使买卖双方满足巨大的信息需求，突破由此产生的搜索和匹配成本的限制，能影响经济体中市场的类型和稳健性（哈耶克，1945；斯蒂格勒，1961；菲尔普斯等，1970；皮萨里德斯，2000）。

　　要建立市场的微观基础，首先需要应对信息方面的三种挑战：买卖双方如何搜索彼此，或买卖双方如何匹配；确保卖方如实地描述其提供的产品和服务；建立必要的信任，使对买卖双方都有好处的互动方式可以重复出现。但如果不能有效地执行合同，就不可能建立这样的基础。

市场的三个构成要素

一、搜索和匹配

如果只能依靠买卖双方自身的力量，那么通常会产生巨大的搜索成本和信息获取成本（斯蒂格勒，1961；瓦里安，1980）。社交网络在寻找新合作伙伴的过程中有着极其重要的作用（乔妮，2014）。另外，由于社交网络的成员地域分布广泛、来自不同的种族、具有不同的文化背景，社交网络具有贸易扩张效应。由此可知，在任何需要有合作伙伴一起做生意的环境中，匹配问题都是相当严重的（劳奇，1999；劳奇和特林达德，2002）。在现代社会中，市场的形成对这种搜索和匹配过程有帮助（哈耶克，1945；莫滕森，2010）。我们不妨来看一看每周都要买菜和购物的一位女士面临着怎样的情况。她需要找到卖肉的、卖鱼的和卖杂货的。如果这些卖家都是行商，随机分布在特定场所，则她的搜索成本，尤其是寻找所需之物的时间成本会很高。如果这些卖家全部都有固定的营业地点，如全部都在某条大街的沿街店铺里营业，就像现在中国很多城市的情况一样，则她的搜索成本即使不是最低的，也会比上述情况中低。如果所有这些卖家都在同一屋顶下营业，就像在超市里一样，则她的搜索成本还会更低。

随着社会的发展，个人需要的产品种类也越来越多。如果买家不能在给定的环境范围内找到所有所需产品，其搜索成本就会是指数级增长的。一个市场的发展历程就是搜索成本不断降低的过程，从一些零散的卖家，到聚集在同一商业区内的小商店，再到聚集了很多大型超市和百货商店的购物中心，都吸引着来自该地区甚至全国的顾客。市场的演变一直都在继续，因为社会的发展和人均收入水平的提高对市场的发展有着持续的推动力。

随着互联网和平台经济的出现，市场的演变过程中多了一个强大的参与者，即"创造性建设"。于是，搜索和匹配成本降至以前无法想象的极低水平，分散于各地的各种买家和卖家之间也不再需要物理接触。卖家可以更零散地分布在更广阔的空间内，而买家的搜索成本仍然能大幅下降，远远低于其在购物中心的搜索成本。

改进匹配过程能够降低搜索成本，从而极大地提高潜在匹配的质量并扩大其范围（库恩和曼苏尔，2014；埃里森和埃里森等，2014）。不匹配的供应和需求不仅会浪费资源，还会限制产品多样性的提升。如果产品多样性不足，就无法满足客户需求，对那些需要大量客户进入市场的利基产品来说尤其如此（张，2016）。信息披露现在可以发挥重要作用，使不同的参与者进入不同的市场，使他们更容易找到他们最喜欢的产品和服务，从而极大地促进相关市场中的竞争（塔德雷斯和策特尔迈尔，2015）。

二、合同执行

即使有可匹配的交易伙伴，如果没有关于产品质量的适当信息，交易也不可能成功。这必须通过执行必要的合同来实现，无论合同的界定多么狭隘（如购买 1 千克土豆），都要确保买家能买到相关产品，卖方能收到商定的款项。要确保生产者如约交货、消费者如约付款，就必须有足够的合同执行力。在一个信息不完全的世界中，买卖双方无法充分了解对方的动机及其如实履约的意愿，买卖双方之间的距离越远，这种担忧就越强烈。在这种情况下，合同执行变得非常不确定，以至于不会产生一个有着广泛而激烈竞争的市场，而正是这种竞争使市场能够发挥魔力、降低产品价格、提高产品质量、增加产品多样性。

合同执行的确定性和有效性取决于可靠和可信的法律制度。这些法律制度可以在买卖双方之间建立信任并加强这种信任。要确保达成的交易对各方都有利，买卖双方之间的信任就必不可少。关于产品说明、保质期、卫生标准、销售许可的很多规章制度，基于针对不良产品的消费者保护和许多其他类似考虑的规章制度，都是为了满足消费者的需求，也是政府致力于防止欺诈的结果。如果欺诈行为不能被有效扼制，那么新的市场在起步之前就会被摧毁，无法形成生态系统。在合同的执行方面，法律和执行机构对消除误解和调解纠纷来说是极其重要的。

缺乏合同执行力将会给现代市场的发展和扩张造成致命打击。合同执行的不确定性会阻碍市场参与者采用更先进的技术

（阿西墨格鲁等，2007），制约其外包能力（安特拉斯，2005），从而限制市场的发展。与大型企业相比，缺乏合同执行力会使新企业付出更大的代价，因为新企业更需要外包服务。另外，新企业必须克服更大的障碍，才能建立起客户关系和自身声誉，以弥补尚不健全的法律制度。

三、信任

信任是市场交易的润滑剂，特别是在较长时间内，买卖双方之间具有完全的、绝对的信任，才可能反复进行交易（麦考利，1963）。信任可以消除信息不对称（卖方比买方更了解自己所提供产品和服务的优缺点）。信息不对称会使消费者担心上当受骗，进而阻止以卖方不亏本的价格达成交易。信任的基础是买卖双方在反复互动过程中逐渐形成的长期声誉。一旦双方丧失信任，买方就不会再找卖方，而卖方也不愿意再卖给买方。结果是要么卖方被新进入者取代，要么买方被拒绝再次交易（麦克劳德和马尔科森，1989；塔德雷斯，2003；麦克劳德，2007）。

缺乏信任会严重限制企业参与交易和达成一些基于双方关系的合约的能力（格雷夫，2006；马基雅弗利和摩尔加利艾，2015）。在某些情况下，生产商甚至不得不暂时推迟改进产品质量，直到与客户建立基于互信的特定关系并使之永久化（马基雅弗利，2010）。

如第三章所述，金融市场与产品和服务市场的构成要素都一样。在将贷款人的风险偏好和借款人的信誉进行匹配时，贷款人和借款人在信息方面面临着同样的挑战。金融交易必须以具有成本效益的方式被执行和监控，通过低成本的数字信息而不是高成本的抵押物建立信任，就可以让数百万名低收入企业家和消费者进入信贷市场。

数字市场的优势

一、数字技术有什么特别之处

数字技术以比特形式整理信息，从根本上降低了存储、处理和传输数据的成本。移动互联网、云计算、人工智能和区块链等技术都属于数字技术。

将数字技术与其他信息和通信技术结合起来，可以显著降低信息成本。早期的现代计算技术始于 20 世纪 40 年代，其重点是快速计算能力，而存储和传输信息的能力很有限。到了 20 世纪 50 年代，信息的存储成本大幅降低，用比特这种非算术形式来表示信息的优势就变得显而易见。但正是因为互联网的出现——在电脑之间进行信息传输的成本大幅降低以及后来出现了具有类似功能的移动通信设备，以比特形式被存储的信息才开始产生超乎想象的深远影响。在基于 TCP/IF（传输控制协议 / 互联网协议）的互联网上，电子邮件、web 链接、浏览器、搜索引擎、在线购物、社交网络和客户关系管理系统等众多技术创新开始不断涌现。云计算、人工智能和区块链等技术进一步扩大了数字技术的影响。

数字技术能够降低收集信息和建立信任的成本，这些限制了线下市场上的交易。通过建立连接，移动互联网能够收集大量信息，并且迅速向无数买方和卖方传输这些信息。云计算技术使高效地存储、处理和传输海量信息成为可能，其中一些信息涉及卖家的声誉，卖方是否会提供正确的产品说明，以及是否不需要对簿公堂卖方就会诚实履约的。使用人工智能技术，我们可以更容易地研究海量数据，进而获得更多真知灼见。区块链技术大幅提高了篡改记录信息的难度，从而建立了一个信任系统，即使交易各方之间的信任很有限，该系统也能有效发挥作用。区块链就是由一系列记录组成的清单，这些记录被称为"区块"，"区块"通过加密技术被连接在一起。

数字信息的特殊性使数字革命显示出了巨大的威力：边际使用成本很低，属于公共产品或非竞争性产品。此外，信息生成和传播的正网络外部性以及数字技术的低技能门槛，使得数字营销、数字融资和其他数字服务的快速采用和渗透成为可能。

复制和使用数字信息的成本几乎为零。与大多数一经使用就无法再次使用的产品和服务不同，数字信息是一种公共产品，可以被无限次使用，而数量和质量都不会受影响（阿罗，1962）。

中国已经有 8.17 亿移动互联网用户，大大超过了"被广泛采用"的标准。移动互联网的成本，包括搜索、存储和共享信息的成本，已经变得非常低，无论是绝对成本，还是与其在降低搜索成本方面的收益相比。

数字技术通过两种重要且具有普惠性的方式来建立市场。一是为上述市场的三个构成要素提供技术业务基础设施。二是以较低的成本向大量的行为主体提供容易获得的技术，满足他们的个性化需要。

二、改善搜索和匹配

数字技术能够以极低的成本存储和传输大量信息，而不受限于物理距离。这从根本上减少了线下市场经济的信息壁垒。现在，买家足不出户就可以在无数卖家之中搜索潜在交易伙伴。无论是利基产品和稀有产品的卖家，还是传统产品的卖家，潜在买家都能够以同样的方式联系到他们。

然而，大量可访问的信息也带来一些新的问题，从而产生了新的搜索和匹配成本。例如，阿里巴巴平台上每天有数亿人浏览超过 30 亿种产品。现在的挑战不是找不到足够多的产品来进行比较，而是能不能让买卖双方高效地收集信息、搜索产品、进行匹配，以满足他们的特定需求。因此，快速高效的信息处理是数字经济面临的核心挑战，是数字时代市场发展的障碍。如果一个平台只是提供信息，让消费者随机进行搜索，那么它几乎不可能成功。

1. 使消费者高效搜索和匹配产品的技术基础设施

要想帮助消费者进行搜索和匹配，就必须对数字信息进行改造，使其变成消费者能够识别的信息模式、细节和其他信号。为此，我们建立了语义知识库，即有自然语言处理能力的知识图谱，可以对 web 上的所有可用项进行分类并验证其组件。特别值得一提的是，这些工具还可以让买家使用其常用的词汇来搜索目标产品。

此外，还可以运用机器学习和深层神经网络等技术向买家推荐产品。2018 年 11 月 11 日，中国第 10 个"双 11"购物节成了全球性的节日。在这一天，阿里巴巴发布了超过 453 亿条个性化的购物提示，帮助消费者在数不胜数的产品中筛选自己需要的产品（施瓦茨和克利班，2004），这一举措显著地缩短了搜索时间、提高了购物效率。

当无法用文字来描述自己所需产品时，买家还可以借助图像识别技术在网上寻找自己需要的产品。自 2014 年以来，很多中国买家已经用大量的图片来搜索类似产品。在阿里巴巴的平台上，每天都有数千万买家使用这种极受欢迎的工具来搜索自己想要的产品（见图 4.1）。

除了图像识别技术外，AR（增强现实）和 MR（混合现实）技术同样为买家提供了更多的决策信息，以改善买家的购物体验（见图 4.2）。

机器翻译促进了人际沟通的巨大飞跃。机器翻译可以提供各语种翻译服务，在跨境电子商务中得到了广泛应用。有一种机器

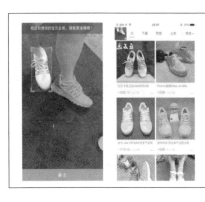

淘宝提供了图像搜索功能。如果买家正在寻找不知其名称的产品，并且无法准确描述它，那么他们可以输入图像，淘宝将在所有类似的可用产品中进行匹配。

图 4.1　基于图像识别技术的产品推荐

资料来源：阿里巴巴，罗汉堂。

淘宝利用AR技术来改善买家的购物体验。例如，买家通过它能够看到将所购家具放置在其房间中的虚拟3D图像。

图 4.2　AR 改善购物体验

资料来源：阿里巴巴，罗汉堂。

翻译服务软件能够翻译 48 种语言，在 2018 年"双 11"购物节期间被使用了 10 亿多次。

易趣网通过自己的机器翻译系统显著提升了国际贸易量，使 2014 年该平台上美国对拉丁美洲的出口量增加了 17.5%。图 4.3a 表明，在易趣网推出这一创新的翻译系统之后，美国在易趣网上对拉丁美洲出口量实现了大幅增长。图 4.3b 以美国对拉丁美洲洲的线下出口量作为独立对照组，证明了图 4.3a 的结论。

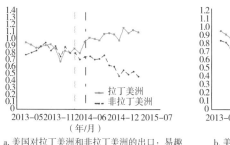

a. 美国对拉丁美洲和非拉丁美洲的出口：易趣

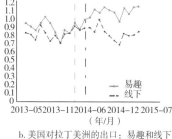

b. 美国对拉丁美洲的出口：易趣和线下

图 4.3　在易趣上和线下，美国对拉丁美洲和非拉丁美洲的出口

注：引入机器翻译后，出口趋势出现了分化。左图纵轴是按 2013 年 4 月的出口商品数量进行标准化后的数据，右图纵轴是按 2013 年 4 月的出口商品金额进行标准化后的数据。

资料来源：布林乔尔夫森等，2018 年。

三、改善合同执行力

上文已经强调过，有效的合同执行对所有大规模市场都是至关重要的，必须通过各种无缝流程来验证交易对手的可靠性、交易产品的真实性以及资金流动的效率。此外，还必须有公平可靠的纠纷处理机构。

1. 辨识身份

数字技术提供了一套低成本的例行程序，大大提升了验证买卖双方身份的能力。这对防范线上市场的欺诈行为很重要。为了满足这一要求，生物识别技术，包括人脸识别、指纹识别、语音识别、动态手势和其他触发信号，已经被越来越多地用于识别卖家的真实身份。

在防范欺诈方面，身份识别具有极其重要的作用。例如，有人曾在淘宝上贩卖假货，平台随即关停了他的网店。之后，这位店主伪造了 8 个不同的身份，在淘宝上重新开了 8 家新店，继续进行欺诈性经营，售卖假货。然而，通过生物识别技术，平台每次都能识别出他究竟是如何改换假身份的。

2. 产品的真实性

筛除冒牌产品对所有数字平台的长期存续和运行都极其重要。随着先进技术的不断出现和利益相关者（权利所有人、行业协会和政府等）之间的合作日益密切，主动监控变得越来越可行，这能够减少盗窃知识产权的行为。

数字技术有助于检测和保护商标，剔除假冒产品。根据的《2017 年阿里巴巴知识产权保护年度报告》，阿里巴巴每天都会对 6 亿多张产品图片应用图像识别算法，以剔除假冒产品和误导性产品介绍。光学字符识别技术每秒能扫描 2 300 多万个字符，准确率高达 97.6%。语义识别算法利用词汇库和产品信息来分析图片中文字的含义 (见图 4.4)。

一款名为"产品情报"的工具能够自动学习产品信息，在20 亿件上架产品中识别、评定和处理可能存在的侵权产品。一种采用深度学习技术的筛选模式，每天对各种产品进行日常扫描，查找和剔除潜在的假冒产品或其他有问题的产品，其工作量相当于 5 000 台虚拟服务器。

根据中国法律，卖方不得使用"顶级"和"最佳"等类似形容词来描述他们的商品

图 4.4　用文字识别技术检测不当措辞

资料来源：阿里巴巴，罗汉堂。

仅需要数微秒的时间，阿里巴巴的实时拦截系统就可以扫描一大堆产品，识别和拦截可能有问题的产品。根据《2017 年阿里巴巴知识产权保护年度报告》，97% 的假冒产品在进入销售阶段之前就已经被自动剔除了。平台系统提前剔除的假冒产品数量是在客户投诉后剔除数量的 27 倍。

3. 确保交易安全和信任的托管账户系统

支付宝诞生于 2004 年，是一种托管账户系统，目的是帮助买卖双方建立信任。在线上购物时，买卖双方彼此见不到面。买方希望看到产品之后再付款，而卖方则希望确保自己能收到货款。这一基本问题就成了电子商务发展的重大障碍。通过托管账户系统，支付宝实质上扮演了中间人的角色——在线上交易中，买方通过支付宝按照明码标价把全部货款付给卖方，卖方则指定支付宝作为自己的代理人持有该货款。买方表示卖方已经履行交易义务后，支付宝就会把货款转给卖方。这个看似简单的系统让电子商务和互联网支付自 2004 年以后在中国蓬勃发展起来。

由于有支付宝为每笔交易提供充分的保障，买卖双方对线上交易有了绝对信心。支付宝通过执行一系列既能保证买方按时付款又能保证卖方准时交货的规则来促成交易的执行落实。支付系统在每笔交易注册时都会用到一套生物认证技术，如动态手势、人脸识别和指纹识别。

将区块链和物联网技术结合起来可以鉴别产品真伪。阿里巴巴物联网全球原产地追溯计划记录了整个物流过程，保存了每件产品的原产地信息。2018 年 11 月 11 日，超过 1.5 亿件进口产品被纳入了这项计划。在不久的将来，该计划还将记录和使用诸如温度、湿度和压力等信息，以更好地确定谁应当为交易过程中出现的损坏承担责任。

4. 纠纷解决

数字技术也有助于快速解决买卖双方之间的纠纷。得益于阿里巴巴的信息密集型跟踪和监控系统，数字技术能够快速而又准确地找到几乎所有问题的根源。2017 年，95% 的客户投诉可以在 24 个工作小时内得到处理，93% 的交易纠纷可以通过人工智能辅助系统得到解决。此外，数字技术还可以用来帮助陪审团裁决法庭案件。总体而言，综合运用人类干预和机器学习技术，可以显著提高公平解决纠纷的能力。最重要的是，数字技术能够扩大纠纷解决的规模，同时解决数百万起纠纷。

四、数字技术建立了新的信任体系

2001 年，《纽约时报》一篇题为《整个中国的新经济都在向旧经济转变》的文章指出："截至目前，真正的电子商务在这个国家已经宣告失败。中国还没有消费者信用体系，线上零售或其他的电子商务业务都行不通。"然而，短短 10 年后，中国的电子商务已经领先世界。中国电子商务成功的关键是通过应用数字技术建立了新范式，从而建立了信任。

这种新范式基于为线上交易的每件产品和每项服务提供可靠信息，围绕卖家的长期声誉形成了一种激励机制，在平台上出现了可持续经营的高质量的电子商务零售商（塔德雷斯，2003）。

17 年来，淘宝使用评级机制的经验表明，数字技术有助于建立和维持信任。2003 年，淘宝开始使用一种简单的好评、中评、差评三级评级系统，让买卖双方来评估自己在交易过程中的体验。2004 年，淘宝根据获得消费者好评的数量，对平台上所有的网店施行"星星－钻石－皇冠"评级系统：获得 251~500 条好评就可以赢得一个"钻石"，获得 10 001~20 000 条好评就可以赢得一个"皇冠"。评级系统后来进一步被优化：将买卖双方的评级分开；使用产品评价和用户评论中的信息；由于虚拟产品和实物产品具有不同的物流特点，将两者分开进行评级；允许卖家根据买家的评级调整自己的服务；剔除不相关的评论（见图 4.5）。

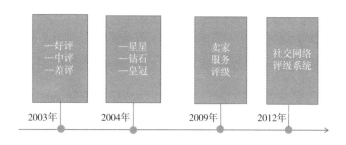

图 4.5　淘宝评级系统的发展

资料来源：罗汉堂。

这一评级系统后来进一步扩展至每一笔交易的全生产链。这是通过阿里巴巴于 2009 年推出的"卖家服务评级"实现的。卖家服务评级是关于卖家业务评级的动态指数，提供了卖家三个业务领域的详细评分：服务、物流和产品质量（见图 4.6）。有趣的是，用户最担忧的似乎是物流，而不是服务和产品质量。

从 2012 年开始，淘宝更加依赖社交网络来提高评级和评论的准确性和实用性。现在，潜在的买家不仅可以查看所有的用户评论，还可以对别人的评论做出回应，甚至可以详细询问产品相关的问题。这种评级系统允许人们分享评论链接、针对他人的评论发表见解、点击"喜欢"表示赞同和举报无用的评论。除鼓励人们参与评级，满足客户对高质量产品和服务的需求外，这些附加组件还能起到娱乐作用。

卖家评级	级别	
	0	少于1星
❤	1	1星
❤❤	2	2星
❤❤❤	3	3星
❤❤❤❤	4	4星
❤❤❤❤❤	5	5星
◈	6	1钻
◈◈	7	2钻
◈◈◈	8	3钻
◈◈◈◈	9	4钻
◈◈◈◈◈	10	5钻
♕	11	1皇冠
♕♕	12	2皇冠
♕♕♕	13	3皇冠
♕♕♕♕	14	4皇冠
♕♕♕♕♕	15	5皇冠
♕	16	1金冠
♕♕	17	2金冠
♕♕♕	18	3金冠

图 4.6　评级标准

资料来源：淘宝，罗汉堂。

通过将"信任"数字化，阿里巴巴及其竞争者努力为每件产品、交易中的每个环节和参与交易的每位当事人建立了数字标识。这促使人们信任那些具有高评级的供应商，不管他们提供的是产品、服务还是可投资资金。它创造了一个环境，使数亿人在同一空间内进行虚拟的面对面交易。这一评级系统建立的信任正在消除传统的本地和区域市场所固有的、看似不可逾越的边界。

至关重要的是，相关各方既是这一新的信任基础的使用者，也是其创造者。交易伙伴根据真实的交易进行评级，这种评级的可信度要远远超过评估专家做出的判断，也更具有可持续性。这是线上互动的极其重要的结果：在建立信任的过程中，参与者做出的贡献越大，也就越信任这个市场。

这一评级系统能够非常有效地拉动高评级卖家的销售量。虽然大多数卖家不可能获得最高评级，但通常来说，卖家的评级越高，其销售量也会越大（见图4.7和图4.8）。也就是说，较高的评级与较高的GMV增长率有关，这给淘宝平台上的商家提供了正向反馈。获得"皇冠"和"钻石"最多的那些老牌卖家，由于拥有较高的评级，可以被更多消费者接受，并获得更高的声誉（见图4.6）。

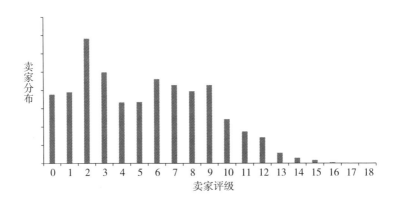

图4.7　2017年按评级划分的卖家分布情况

注：评级分布是基于2017年销售额为正的卖家的随机样本计算。鉴于数据安全问题，纵轴隐去具体数值。

资料来源：淘宝，罗汉堂。

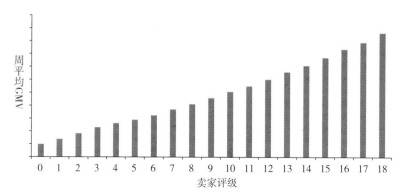

图 4.8　2017 年按卖家评级划分的周平均 GMV 分布

注：评级分布是基于 2017 年销售额为正的卖家的随机样本计算。鉴于数据安全问题，纵轴隐去具体数值。

资料来源：淘宝，罗汉堂。

　　评级系统是建立和维持信任的有效手段。要想理解这一现象，可以观察一下卖家的评级上升后会发生什么。由于客户评级是离散的，而卖家的业务经营的基本要素总是连续的，观察评级上升对经营状况的影响是验证声誉重要性的一个好办法。在评级上升后的第二个月里，卖家的销售额通常会大幅飙升。当卖家的评级从"少于 1 星"变为"1 星"、从"5 星"变为"1 钻"和从"5 钻"变为"1 皇冠"时，卖家销售额的增长幅度最大（见图 4.9）。

　　评级较高的具体表现为买家投诉较少，销售量较大。卖家的评级和退款率之间存在明显的负相关（见图 4.10）。

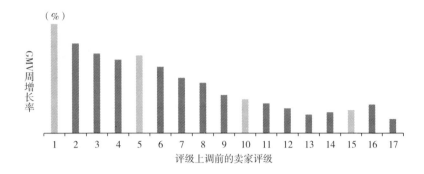

图 4.9　2017 年评级上调后的 GMV 周增长率

注：GMV 周增长率是根据 2017 年评级上调公司的随机样本计算。每个柱体代表经历相应评级提升的所有卖家的平均增长率的第 75 个百分位数。鉴于数据安全问题，纵轴隐去具体数值。

资料来源：淘宝，罗汉堂。

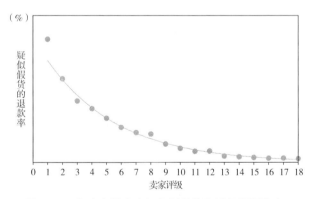

图 4.10　淘宝上按卖家评级划分的疑似假货退款率

注：退款率基于客户因假货而报告的退款交易比例。每个评级的平均退款率是截至 2017 年年底所有该评级淘宝卖家的平均退款率。鉴于数据安全问题，纵轴隐去具体数值。

资料来源：淘宝，罗汉堂。

五、新兴的数字平台模式

过去 20 年中出现的这一数字平台模式建立在上述数字市场的关键基础之上。

科斯（1937）认为，当企业内部执行交易的成本低于市场上的搜索和匹配成本时，交易就会在企业内部进行，即所谓"内部化"。科斯还特别指出，最重要的是，重复的交易活动往往更容易通过企业内部的协调来实现，因为企业内部的管理者之间可以建立长期关系和信任，更好地保护这些交易。与此结论相关的是安德森和施米特莱因（1984）的发现：决定是在企业内部进行交易还是在市场上进行交易的最重要因素是"评估业绩的难度"和"不可交易活动的重要性"。这也符合"信息量原则"（霍姆斯特姆，1979）：交易各方、任务和结果的可交易和不可交易的方面越容易被可靠地衡量，在企业内部进行交易的效率和利润就越高。

数字技术彻底改变了这种经典的在企业和市场之间的权衡，提供了第三种制度形式，即双边平台（梯若尔，2014）。诚然，双边平台已经存在很久了，只是规模不大。不过，由于数字信息的特殊性（边际成本低，具有非竞争性）和数字技术的低技能门槛，数字平台的可扩展性要强得多。数字信息的这些特征有助于建立可负担的、高效的数字标识，从本质上使海量的消费者和供应商在同一个空间内进行协调和交易，而不受地理因素的制约。正是双边平台的这一特点从根本上将数字市场和传统市场区别开来了。

数字平台扩大了数字市场的覆盖范围，为产品和服务的销售、产品和服务进入市场所需的物流服务、价值链上买卖双方之间的协调、对专业服务和新型支付系统的依赖等方面提供了创新的空间。

1. 技术驱动型商业工具：以千牛工作台为例

千牛工作台是阿里巴巴平台上的专业服务平台，它通过与数千家第三方服务提供商进行合作，为所有平台用户提供了各种专业服务，包括市场营销、产品管理、订单管理、客户服务、现金管理、仓储物流、线上运营、商业咨询和数据分析等服务，基本上涵盖了网店运营的方方面面（见图 4.11）。

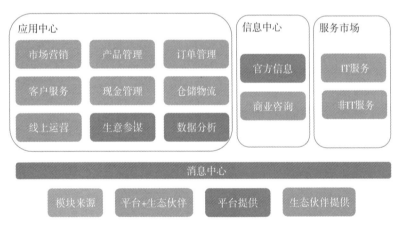

图 4.11　千牛商家服务平台

资料来源：千牛，罗汉堂。

在中国，1/4 的初创企业由于不熟悉基本的法律、法规和没有必要的经营技能而倒闭。千牛工作台正在通过提供技术服务中心、信息处理中心和消息中心来应对这一挑战。这些中心的作用是共享技能和知识，为初创企业提供全行业信息和知识指导，为中小企业提供高级咨询服务。千牛工作台已经成为即时学习和咨询的重要场所。

在阿里巴巴平台上大约有 1 000 万家中小企业。其中大约 3/4 的中小企业使用平台的频率与企业的成功程度正相关。尤其值得注意的是，在具有"5 皇冠"评级的网店中，使用千牛工作台的比例超过 95%。在新开的网店中，使用千牛工作台的比例仅为 50%。这是因为新开网店仍然处在学习基本功能的阶段，而一旦拥有"1 星"之后，使用千牛工作台的企业很快就会跃升至 70%(见图 4.12)。

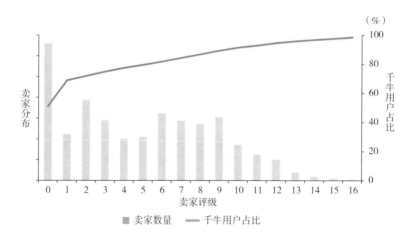

图 4.12　2018 年千牛用户分布情况

注：截至 2018 年 11 月 23 日活跃在千牛上的淘宝卖家。鉴于数据安全问题，纵轴隐去具体数值。

资料来源：千牛，罗汉堂。

千牛工作台可以为所有企业（特别是中小微企业）赋能，使它们更好地服务客户。千牛工作台不失为数字时代极其先进的市场协调网络。传统企业以前都是在内部执行一些重要职能，而现在则是在平台上与其他企业一起执行这些职能，且规模要大得多。

2. 智能决策的协调：以"生意参谋"为例

数据在企业业绩中发挥着越来越重要的作用。最近，一项针对美国制造业的调查发现，以数据为导向进行决策的企业往往规模更大，生产效率更高，基础设施的互补性更强（信息技术和受过大学教育的员工），管理人员的认识水平也更高（布林乔尔夫森和麦克尔赫伦，2016）。

但是，中小微企业收集关于自身业绩的数据的成本可能很高，并且可能需要具备较强的分析能力（如掌握数学和会计知识）。而在获取市场、消费者和竞争对手的信息方面，它们面临的挑战更大。

平台模式通过提供基本的通用基础设施来降低与信息收集和分发有关的成本。平台可以将智能信息的可获取性提升至前所未有的高度，从而为规模或大或小的公司赋能，让它们进行以数据为导向的决策，对自身业务战略进行调整，以适应不断变化的市场环境。

创新的信息服务有助于决策。阿里巴巴于 2014 年首次推出了"生意参谋"服务，其平台上所有的网店均可使用。该项服务旨在为企业提供商业情报，帮助它们做出更好的决策。卖家可以看到网店自身的历史业绩、市场特征和趋势、在线流量的详细统计数据以及竞争对手的特点和偏好。除了提供信息外，"生意参谋"还提供在线辅导和培训模块，使卖家可以在社群内分享经验和建议。在月销售额超过 30 万元（约合 45 000 美元）的卖家中，约 90% 是"生意参谋"的用户。

由数据驱动的决策确有实效。与非活跃用户相比，免费基本模块的活跃用户，即关注本店业绩数据的卖家，平均每月的销售额要高出 10% 以上，而开始关注付费模块的信息，也会带来同等幅度的销售额增长。对于那些追踪免费基本模块中的数据的卖家来说，每周多追踪一天，其销售额就增长 5% 以上。

"市场洞察"是"生意参谋"服务中最受欢迎的付费模块，该模块提供了有关市场整体趋势的详细信息，如市场规模、最受欢迎的产品等。付费模块的用户认可这些附加信息的价值，并愿意为之付费。卖家购买付费模块的时间点在一年当中并不统一，但往往集中在网店快速发展期间。

在消费电子产品领域，使用"生意参谋"的网店的业绩明显优于不使用该项服务的同类网店。具体来说，在成为"生意参谋"付费模块的新用户后，以开始使用该项服务当周的销售额为基准计算，卖家的周销售额始终高于非用户。在开始使用后第 10 周，周销售额的差距超过 10%。即使跟那些一直使用付费模块的网店相比，新用户开始使用"生意参谋"后，周销售额也会在短期内快速增长，增长率约为 3%。这种额外增长背后有两个主要因素，即更大的互联网流量和更高的访问/销售转化率（图见 4.13）。

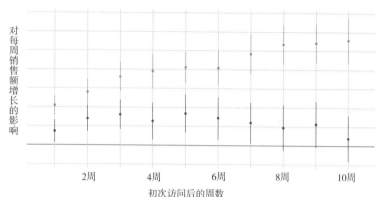

对每周销售额增长的影响

初次访问后的周数

与从未访问市场信息的卖家相比，对销售额增长的影响
与经常访问市场信息的卖家相比，对销售额增长的影响

图 4.13　获取市场信息对每周销售额增长的影响

注：基于淘宝和天猫交易的随机抽样样本计算。与从未访问过市场信息的卖家相比，最近访问此类信息的卖家的销售额随后大幅增长。与一直访问市场信息的卖家相比，新用户的销售额仍在增长，但没有那么强劲。鉴于数据安全问题，纵轴隐去具体数据。

资料来源：淘宝，天猫，罗汉堂。

　　"生意参谋"对销售额的显著影响主要集中在小卖家身上。与从未付费获取市场信息的网店相比，小型网店在开始通过"生意参谋"的付费模块获取信息后，周销售额会更高，网店的访问量和访问／销售转化率也会出现较大幅度的上升。尽管这种差异并不像大卖家和小卖家之间那么明显，但对新卖家的积极影响比对老卖家更大。

　　付费模块的新用户会在订阅服务之后调整业务战略。例如，他们会更频繁地下调价格，上架更多产品（尤其是短期之内），更频繁地修改上架产品的标题，以便充分利用"生意参谋"的搜索算法，而这些算法会对不断变化的市场行情做出响应。

如果将网店的特定特征和时机选择作为控制变量，则频繁使用数据分析工具的网店在下一周会有更好的业绩。在不同的网店中，频繁使用免费基本模块与否会产生不同的影响。特别是，与普通网店相比，由年轻的店主经营的网店、未正式注册为公司的网店、规模较小的网店以及新开的网店因为更频繁地使用免费基本模块而获得了更大的收益（见图4.14）。

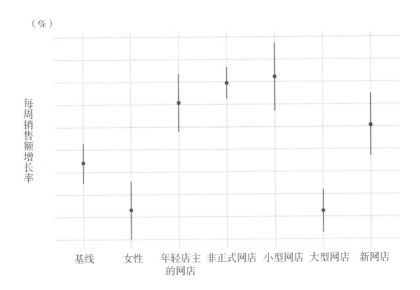

图 4.14　频繁使用数据分析工具所带来的不同影响

注：基于淘宝和天猫交易的随机抽样样本计算。与普通卖家相比，那些由年轻店主经营的、未正式注册为公司的、规模较小的、新开业的网店使用数据分析工具更频繁，销售额增长更快。上图体现的是销售者更频繁地使用数据分析工具对随后每周销售额增长的边际影响。鉴于数据安全问题，纵轴隐去具体数值。

资料来源：淘宝，天猫，罗汉堂。

此外，平台提供的人工智能工具也可以帮助卖家自动回复消息，以满足买家的特定需求。例如，人工智能客服机器人"店小秘"可以帮助卖家回答 90% 的问题。

3. 智能生产协同：从 B2C 到 C2B

数字市场不仅涉及交易，还涉及利用大量数据帮助企业调整生产，使其更高效地满足不断变化的市场需求。在线模式包括 B2C（企业对消费者）和 C2B（消费者对企业），前者是企业试图说服消费者他们应该要什么，后者是消费者自己决定要什么。

2016 年，阿里巴巴旗下的天猫新品创新中心开始通过在线调查来帮助品牌厂商设计产品。天猫新品创新中心提供了一套完整、连贯的解决方案来帮助它们创建和提升品牌——从最初的设计到营销以及客户调查设计，以评估其对销售的影响。玛氏、宝洁、美泰和欧莱雅等 60 家跨国公司以及像修丽可这样的小众品牌都跟天猫新品创新中心开展了合作。

宝洁与天猫新品创新中心的合作是很好的例子。在大数据的帮助下，宝洁推出了一款满足女性消费者需求的创新产品——海飞丝香氛洗发水（见图 4.15）。该公司设计、开发和发布这款产品只用了 9 个月，仅为以往所用时间的 1/3。这款新产品非常受欢迎，在上市不到 1 个月的时间里，就成为宝洁洗发水类产品的销售冠军。

天猫新品创新中心还帮助玛氏、欧莱雅和其他品牌厂商开发了畅销产品，同时将产品开发周期缩短了一半，减少了误解客户品味和偏好的风险。

图 4.15 宝洁旗下的海飞丝定制洗护产品

资料来源：阿里巴巴。

另一个 C2B 案例是淘宝与全球知名家电品牌海尔的合作。淘宝的电商平台上展示了一系列消费者可以自行选择的模块，如海尔家电的外观、材料和功能，可以生成满足他们特定需求的个性化产品。

2012 年 9 月，海尔在淘宝上推出了一个新项目，在 8 天内大约有 100 万网民对自己心目中的理想电视进行了投票，投票的选项包括屏幕尺寸、框架材质、图像清晰度、能耗、色彩和界面设计等参数。根据投票结果，海尔选择生产 3 款电视并投放市场。在 10 分钟内，这 3 款定制彩电的订单已经超过了 3 000 台。在 48 小时里，产品销量达到了 10 000 台。

海尔在短短一周内就设计并制造出了高度定制化的产品，而消费者在下单后 15 天内就收到了货。实际上，海尔是利用了淘宝的网站，让消费者通过使用阿里巴巴的 C2B 工具来设计自己的定制产品。此外，海尔还可以先收取货款，完成生产后直接交付，这缩短了资金回收时间（即投资者和企业家所谓的投资回收期），也降低了库存周转率。到 2017 年，定制产品已经占海尔总产量的 50% 以上。

4. 智能供应链协同：以"淘工厂"为例

数字市场也在改变供应链，阿里巴巴在 2013 年推出的"淘工厂"平台就是这样一个例子。该平台上目前有 40 000 家工厂为 30 多个行业提供服务。这些工厂都拥有"柔性制造"的能力，即快速调整装配线以适应客户需求的意外变化。在需求方面，品牌厂商和卖家可以发布自己的产品需求、交货日期和报价。在供应方面，工厂对订单进行竞标，提供免费样品，然后生产所需的产品。工厂会公开自己的生产计划，以便与待完成的订单进行匹配，从而减少闲置时间。此外，"淘工厂"平台还为交易提供了托管账户和争议解决机制。实际上，该平台已经形成了一条完整的供应链。

以服装为例，淘宝卖家定制每种款式的最低数量要求是 30 件。这种小规模、灵活的订单模式极大地降低了卖家的风险和成本，增强了它们的创新能力和将更多种类的产品推向市场的能力。为了促进卖家和工厂之间的协作，阿里巴巴设计出了一种数字解决方案，让卖家可以追踪将概念设计转化为实际产品所花费的时间。淘宝平台还允许客户购买 30 多种相关产品，包括服装配饰和包装。这样一来，淘宝卖家不需要开办自有工厂也能出售自己的品牌和设计。

通过这个平台，卖家可以在短时间内迅速找到生产资源来满足大量需求。举例来说，Keyford 是 2018 年国际足联世界杯官方吉祥物的独家授权生产商，该公司通过淘宝平台很快找到了 30 多家工厂，成功生产了 100 多个批次的吉祥物，并且将生产周期从 2 个月缩短至 15 天。

5. 新的协同意味着更多的产品种类和机会

如图 4.16 所示，2010—2017 年，得益于设计、生产和销售过程中新的协同，阿里巴巴平台上的品牌数量呈指数级增长。

阿里巴巴与其他电子商务和金融技术公司的平台为充满活力的企业家及其员工创造了巨大的机遇。2003 年，刚上线的淘宝网为个人提供了线上出售产品的机会。卖家注册为商家，变得越来越像成熟的企业。数字平台在运动器材、家居装饰、全球性产品和时装等领域都创造了利基市场，很多新品牌应运而生。随着这些市场的发展演变，很多新的就业机会涌现出来，如工厂销售商、设计师、网络红人、专家"大 V"、时尚潮流引领者、内容营销商以及定制服务提供商等。查尔斯·达尔文很有可能会对这些生态系统的快速演变产生兴趣（见图 4.17）。

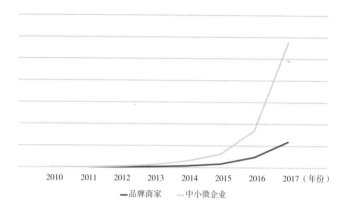

图 4.16　2017 年阿里巴巴平台品牌数量增长情况

资料来源：阿里巴巴。

注："品牌商家"涉及天猫，中小微企业涉及淘宝。产品品牌数量根据2017年销售额为正的随机产品样本计算，年份指产品上市的年份。鉴于数据安全问题，纵轴隐去具体数值。

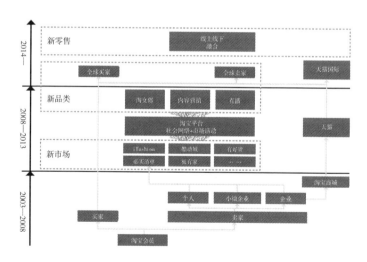

图 4.17　阿里巴巴平台生态的演变概要

资料来源：淘宝，罗汉堂。

数字平台对初创企业的快速发展起到了促进作用，成立于2012 年的"三只松鼠"就是很好的例子。2013 年，该企业的在线销售收入超过了 3 亿元；2014 年，这个数字超过了 10 亿元。2016 年，"三只松鼠"开始在中国多个城市开设线下商店。2017年，该企业的客户超过了 6 000 万，并计划开发名为"松鼠小镇"的综合商业体，以提供新的客户服务。

6. 新市场和新增长路径

总而言之，数字平台能够通过以下创新方式建立数字市场：

- 通过降低搜索和匹配成本，打破了时空限制。

- 通过使用数字足迹和反馈，使买卖双方之间建立了信任。至关重要的是，买卖双方都能从新建立的信任中获益；它们既是建立信任的新方式的所有者，也是维护者。

- 通过打破传统公司和市场的协调边界，双边平台带来了更多以客户为导向、灵活且高效的生产和供应链。

- 通过为用户和生产商提供更丰富的产品、更多的选择，以及更多的新机会和新职位，数字平台能够实现前所未有的普惠性，特别有利于初创企业和中小微企业，使它们能够克服传统线下市场中很多看似无法逾越的信息壁垒。

- 各种在线平台提供的数字技术具有独特的优势，有助于制定规则和条例，进一步扩大自由市场的范围、规模和力量，起到推动经济增长和创造大量就业机会的作用。

> 你可以称之为"创造性破坏"，而我们更愿意称之为"创造性建设"。借用莎士比亚的名言就是："玫瑰即使不叫玫瑰，依然芳香如故。"

罗斯（2012）曾说："自由市场是可以在规则和制度下自由运作的市场。当我们谈论可以自由旋转的'轮子'时，我们指的不是不与其他任何东西相连的'轮子'，而是'带有车轴和轴承的轮子'。我认为，就自由市场而言，这是一个很好的比喻。自由市场需要能使其运转良好的制度。"这正是数字技术对中国经济的贡献，并且，如我们在第五章中所说，全球最贫穷的经济体也能享受到这些好处。

相关研究 1：市场摩擦经济学

我们的分析至少表明了一点：即使在宏观层面，我们也永远无法充分理解数字市场是如何创造新业务，从而创造和摧毁就业机会的。对于这些现象，经济学家已经研究了很多年。例如，在20世纪30年代，经济学家就对市场缺陷和无摩擦供需机制的失败进行了大量研究，并以此来解释现代劳动力市场是如何运作的（希克斯，1932；凯恩斯，1936；赫特，1939）。

在现代，从斯蒂格勒（1962）、麦考尔（1979）和菲尔普斯等人（1970）开始，宏观经济学家在他们的市场交换模型中引入了"摩擦"概念。摩擦使供给和需求无法达到均衡，从而无法使劳动力市场上的每个潜在劳动者找到工作。事实上，尽管劳动力市场上摩擦的存在稍稍偏离了传统理论，但其已被证明对市场均衡具有巨大且重要的潜在影响（戴蒙德，2010；莫腾森，2010；皮萨里德斯，2010）。劳动力市场上的一个特例就是威廉·贝弗里奇（1944）所预测的一种关系，被称为贝弗里奇曲线，它表明职位空缺和失业可以同时存在。如果将这种关系扩展至有摩擦的产品市场，那么它就意味着，商店中未售出的产品和消费者未得到满足的需求可以共存。正如皮萨里德斯（2010）所说，如果一个经济体能够通过适当的制度安排来降低搜索和匹配成本，它便能减少职位空缺和失业现象，让市场的运转更接近传统的无摩擦供需均衡模型，就像古典经济学家所主张的那样。

有趣的是，在撰写本书时，美国创造的就业机会已经超过了求职者的数量，尽管员工的工资和福利水平的提升速度比潜在的通货膨胀率还要高。这不是熊彼特（1942）所认为的那种会摧毁资本主义的"创造性破坏"。相反，正如我们所强调的那样，这是一种"创造性建设"，这是数字经济对中国的进一步快速发展许下的承诺，也是数字经济为全球新兴市场的腾飞带来的希望。

在关于搜索成本与市场均衡的文献中，一个重要的创新是匹配函数（皮萨里德斯，2000；佩特朗格罗和皮萨里德斯，2001）。匹配函数是一种很有用的函数关系，它表明了在以交易者数量方面的摩擦为特征的市场上，短时间内所能形成的有效匹配。作为一种建模工具，匹配函数的优势在于，它以简单的函数表明了"黑箱"及其对市场均衡的影响。其他研究领域的经济学家同样熟悉这种函数关系，比如，企业的生产函数表明了技术的"黑箱"及其对产出的影响。

这种对摩擦的直觉可以被应用于数字技术。各种市场摩擦——有碍于提供位置信息、产品质量信息、不信任信息的因素——的减少，通常表现为匹配函数的技术性改进。这也意味着既定数量的买家和卖家之间的匹配数量增加了。因此，一个简单的论证就可以表明数字技术对市场均衡的影响：数字平台的引入对包含摩擦的市场的匹配函数产生了正向的技术冲击。

将皮萨里德斯（2000；2010）的动态劳动力市场框架套用在产品市场上，我们就可以生成图4.18，纵轴表示未售出产品的数量，横轴表示未得到满足的产品需求。买卖双方一直在积极寻

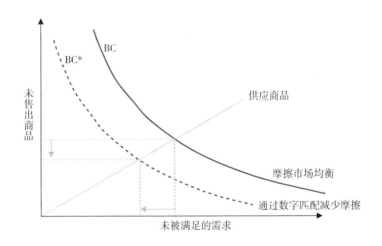

图4.18　有搜索和匹配摩擦的市场均衡

资料来源：模型来自皮萨里德斯。

求市场均衡，以使供应商掌握的未售出产品和消费者未得到满足的需求匹配起来。匹配函数决定了供需是如何相交的，它们在市场均衡中的共存关系即由贝弗里奇曲线表示，贝弗里奇曲线是一种凸向原点的函数，其与原点的距离与匹配函数的效率直接相关。数字技术的应用提高了匹配效率，使贝弗里奇曲线更接近原点。

为了找到使市场趋于稳定的那个点，我们需要说明有多少产品会进入市场以满足消费者的需求。我们可能会从原点开始，在第一象限中画一条 45 度的直线，用于表示卖方提供的产品数量与买方需要的产品数量是完全一致的。但皮萨里德斯（2000）表明，在有摩擦的市场中，这种关系更加复杂，因此，实际上这条直线不一定会将第一象限分为两个相等的部分。总之，这条直线将以正斜率穿过原点：没有需求，就不会有卖方进入市场；需求越多，卖方提供的产品就越多。在这些线相交的地方，我们会发现，在任何时间点，都存在一种动态的、不断调整的、受摩擦约束的市场均衡，而未售出的产品和未得到满足的需求可以分别从纵轴和横轴上读出来。

数字技术的引入会使均衡点向原点移动：未被满足的需求减少，未售出的产品也减少，市场仍处于均衡状态。这显然是对市场结果的一种改善。市场均衡在完全无摩擦的理想化市场中会坍缩至原点，即不存在未售出的产品和未得到满足的需求——在这一点上，无摩擦市场的供应等于需求。

总之，我们能够通过使用数字信息来减少劳动力市场的摩擦，这为哈耶克（1945）提出的去中心化市场机制的信息效率的开创性观点提供了新的思路。他认为，去中心化的市场能够比中心化的计划经济模式更好地处理信息，继而更有效地配置资源。但我们发现，信息不完全往往会导致市场失灵，这削弱了哈耶克的观点。不过，随着数字革命的到来，哈耶克的洞见焕发出了新的生命力：市场能够从数字平台这一新型"轮子"中受益，去促进无摩擦的市场去中心化，从而促进自由市场中买卖双方的深度协作。

简而言之，数字化已经迫使"创造性破坏"让位给"创造性建设"。

第五章

中国经验对全球的启示

大量证据表明，电子商务和金融科技在中国大部分地区的广泛传播有其微观经济基础。数字技术之所以能够迅速传播，是因为其成本极低，网络效应极强。在网络效应下，每个人对手机和互联网的使用都会为其他人带来好处。这些特殊性反过来又会使数字技术提供商迅速有效地解决那些阻碍新市场建立和发展的信息问题：将买卖双方进行匹配，监控买方的信用状况，将交易成本降至最低。

一个自然而然的问题是，其他发展中国家，特别是非洲和中东国家，能否在很大程度上复制这一成功？中国的经验有何独特之处？其他新兴和发展中经济体会从贸易中获益吗？

乍一看，答案并不清楚。显然，技术进步是普惠性增长的必要条件，但这还不够。中国取得的惊人成功源于其独特的环境。中国政府认识到数字技术蕴含着巨大潜力，能够推动快速和包容性增长，于是给予了大力支持。中国幅员辽阔，拥有大量希望参与数字经济并从中获利的人。

当然，其他国家可能无法实现中国如此之高的增长率：自1978年改革开放以来，中国的人均 GDP 年增长率超过了 7%，这意味着中国人的生活水平每 10 年就会翻一番，数以亿计的中国人会摆脱贫困。大多数新兴国家不太可能在不远的将来实现如此持久的高速增长（见图 5.1）。

但是，每个国家都希望发展经济。有些国家在资源比中国少的情况下也实现了显著的经济发展。

事实上，中国与其他发展中国家的差距并不如人们想象的那么大。撒哈拉以南非洲国家是世界上最贫穷的国家，人口增速在全

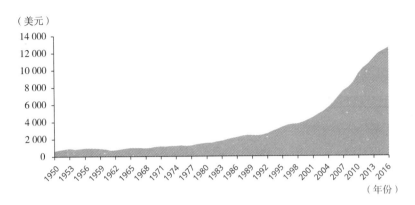

图 5.1　1950—2016 年中国人均实际 GDP

资料来源：麦迪森数据库，2018 年。

球也是最快的。这些国家未能从此前的几次技术革命中获益，面临的机遇和挑战与其他新兴经济体之前面临的机遇和挑战相似。

撒哈拉以南非洲具有巨大的发展潜力。预计到 2050 年，该地区现有的 10 亿人口将翻一番。2017 年，在全球经济增长最快的 10 个经济体中，这一地区的国家占了 5 个（见图 5.2）。2015—2017 年，撒哈拉以南非洲有 7 个国家的经济增长率超过了 5.4%。如果这些国家能够通过体制改革更好地部署数字技术，那么它们的经济发展将进一步加速。在这方面，我们观察到与新兴市场相关的一个共同事实是，这些国家正在同时经历第二次、第三次和第四次技术革命，中国和其他发展中国家都是如此。

当然，电力供应仍然是一项艰巨的挑战。如果没有电力，获得数字技术对全球近一半的人口来说仍是遥不可及的梦想（世界银行，2016；繁荣之路委员会，2018）。要想将这一梦想变成每

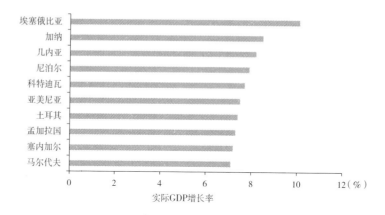

图5.2　2017年增长最快的十大经济体

资料来源：世界银行。

个中国人的现实，中国还有很长的路要走，但与其他大多数发展中国家相比，中国离实现这一梦想更近一些。各国必须找到创造性解决方案，以克服各自面临的独特障碍。

　　不过，也有不少积极的因素让我们充满希望。在没有昂贵的电网和输电线路的情况下，廉价的太阳能电池可以为手机充电，将偏远地区的村民接入互联网（国际金融公司，2016）。对人力资本、基础设施和制度建设的投资是促使人们使用数字技术的进一步补充措施（联合国贸易和发展会议，2017；世界银行，2016；经合组织，2014。）

　　每个国家的决策者都可以从中国数字经济发展的经验中学到三个非常重要的经验：低技能门槛和低成本对数字技术的推广非常重要；完善制度性基础设施对商业非常重要；将本地数字生态系统融入更广阔的跨区域市场乃至国际市场非常重要。本章将首先探讨这些经验，之后提出三条成功之路。在此之前，让我们先从基础设施的最低要求开始。

对基础设施的最低要求

尽管北非和中地区东在短短一代人的时间内就大大提高了识字率，但整个非洲在实现全民扫盲方面仍然落后。1600—1800年是启蒙时代，当时欧洲西北部的识字率大幅提升，极大地促进了财富和收入的增长。同样，20世纪60年代以后，中国识字率的迅速提升也是中国财富和收入空前增长的一个主要因素（见图5.3）。

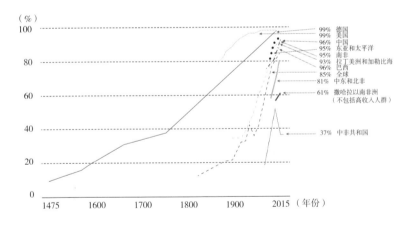

图5.3 1475—2015年各国、各地区识字率提高情况

注：识字率是指14岁以上人口中具有读写能力的人口比例，具体定义和测算方法因国家和时间不同而有所差异。

资料来源：用数据看世界，2019年。

正如我们在第三章中所述，在线教育为新兴市场提供了巨大而直接的机会，缩小了新兴市场与发达经济体的教育差距。但撒哈拉以南非洲的大部分地区缺乏启动在线教育所需的最基本的信息和通信技术基础设施。这里是世界上信息和通信技术的可及性和可负担性最低的地区之一。

互联网渗透率和识字率通常是密切相关的。目前只有少数海湾小国的互联网渗透率稍高于识字率（见图 5.4）。

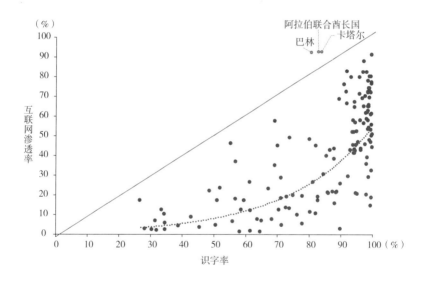

图 5.4　2017 年互联网渗透率与识字率的关系

资料来源：世界银行。

世界各国的宽带网络费用差异很大。中国的宽带网络费用并不是最低的，是韩国的 5 倍多，是英国的 2 倍多。但中国的宽带网络费用比加纳和摩洛哥略低，比肯尼亚、南非和尼日利亚低 9/10 以上，这些非洲国家的宽带网络渗透率在非洲处于中游水平。

宽带网络的费用与电子商务渗透率呈明显的负相关。几乎没有一个非洲国家的电子商务零售额超过零售总额的 1%（见图 5.5）。

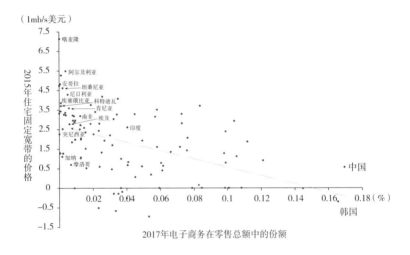

图 5.5 宽带成本与电子商务比重的关系

资料来源：世界银行，2016 年；欧睿国际，2018 年；罗汉堂。

中国在改善农村地区宽带网络接入方面投入了大量资金。接入宽带网络的农村家庭从 2010 年的 20% 上升到了 2017 年的 27%（见图 5.6）。

上述讨论表明，提高识字率与改善信息和通信技术基础设施对技术渗透至关重要。鉴于这些挑战，我们可以从中国数字渗透率的快速提升中学习哪些新经验呢？

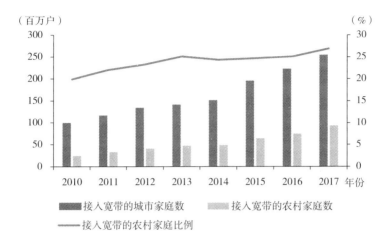

图 5.6　2010—2017 年中国城乡宽带接入水平

资料来源：中国国家统计局，罗汉堂。

低技能门槛和低成本的重要性

中国的第一个经验是，充分利用数字技术的采用和部署所需的最低技能门槛。数字技术的部署还要求所需基础设施的成本尽可能低。许多发展中国家面临的困境是，当这种投资的结果不确定且短期内无法见效时，应该投入多少人力和物力。复利的力量意味着，投资效果越早显现，最终回报就越高。相对于回报高但需要更长时间才能获得回报的投资，回报低但很快可以获得回报的投资能更快实现经济增长（欧根·冯·庞巴维克，1888）。

这表明，每个国家都应该先关注成本低且能够提供即时高回报的数字技术。这并不是说投资有利于长期经济增长的基础领域不重要，只是意味着，一些资金可被用于发展数字技术，而教育、交通、电力等领域的投资短期内无法产生收益，将投资完全局限于这些领域可能会适得其反。

如前文所述，数字技术的有效推广只需要最基本的技能和网络连接。近几十年来，各国在降低文盲率方面取得很大了进展，使人们获得了进入数字时代所需的基本数字和阅读技能（见图5.3）。同时，数字技术的发展也会使技能门槛进一步降低，如人工智能和语音识别技术就有这样的效果。在未来，更先进的数字生态系统有望促使经济进一步蓬勃发展，而这些发展将取决于更高的识字率和支持性的基础设施。

撒哈拉以南非洲和非洲其他农村地区的宽带渗透率比中国低约25%，消除这一差距需要相当长的时间和巨大的投资。但我们有理由相信，这些地区很快就会取得巨大进步。如前文所述，数字技术的采用速度远远快于工业、交通、电气和通信技术的采用速度。

数字技术的采用和渗透都不仅仅取决于经济发展水平与信息和通信技术基础设施。根据现有的国家层面的数据，识字率超过90%似乎是电子商务大规模渗透的必要条件。然而，在非洲，移动支付的渗透率（每100名成年人中活跃的移动支付用户的数量）对国家整体识字率的依赖要小得多（见图5.7）。

因此，对于移动互联网等数字技术，技能和文化水平最低的用户也可以使用。这在很大程度上解释了为什么电子商务和数字金融在中国如此繁荣。正如第二章所述，有相当多的证据表明，电子商务参与者的收入远远高于同等文化水平的非参与者。

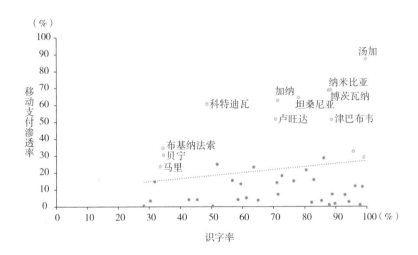

图 5.7　2017 年移动支付渗透率与识字率的关系

资料来源：国际货币基金组织，2017c ；世界银行。

事实上，"淘宝村"在中国的快速发展有力地证明了，在经济发展的早期阶段，对基础设施和职业培训的大量投资并非必不可少。以沙集镇为例，这个贫困地区摇身一变，成了家具制造中心，而电子商务制造商和零售商似乎是凭空出现的，因为这里最初既没有公路，也没有良好的管理或设计技能来支持高品质家具的大规模生产和销售。

但是，一个电子零售商的初步成功吸引了效仿者。他们的成功为地方政府改善交通和数字基础设施提供了税收支持。随后形成了一种良性循环：基础设施的改善刺激企业进一步提升技能，以发挥最新数字技术的最大效用，而这为政府进一步建设支持性基础设施提供了更多收入。

也许，最能够说明数字技术的低技能门槛的最好案例恰恰来自非洲。M-PESA 是肯尼亚的移动运营商 Safaricom 于 2007 年创建的电子支付平台，该平台使移动贷款风靡各地。短短 10 年间，它就遍及肯尼亚，并进入了非洲和东欧 10 个国家。如今，该平台每年为 3 000 万名客户处理超过 60 亿笔交易。这项服务占肯尼亚 GDP 的 82%。

为了克服信息和通信技术的局限性，特别是慢到无法使用的移动互联网，M-PESA 在现有基础设施的基础上进行了创新，提供了廉价的互联网接入。它依靠 SIM 卡而不是应用程序，为功能简单的手机提供金融服务和其他基本服务，从而使用户节省了购买智能手机的成本。M-PESA 网点密集，仅在肯尼亚就有 4 万个网点，还覆盖了许多偏远的村庄。这种情况下，账户注册变得非常简单。

案例 4：M-PESA

为了获得英国国际发展部的许可，帮助没有银行账户的人获得贷款，沃达丰启动了 M-PESA，将手机作为储蓄与信贷合作社小额贷款的支付和还款工具。该公司很快发现，"获得贷款的人可以把钱转给几百英里外的其他人"。M-PESA 启动之初，让肯尼亚人享受银行服务的想法对许多人来说是天方夜谭。该产品最终被改造成了一款汇款工具。直到今天，M-PESA 的核心服务依然是汇款和收款（见图 5.8）。

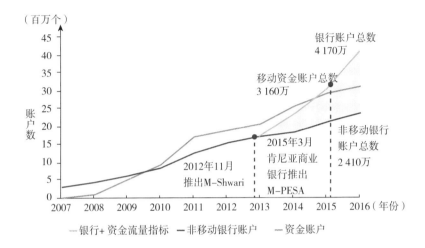

图 5.8 2006—2016 年肯尼亚银行和移动网络运营商账户总数

注：M-Shwari 是肯尼亚电信运营商 Safaricom 联合非洲商业银行推出的一种支持小额存贷款的手机银行业务。

资料来源：世界银行扶贫协商小组《M-PESA 时代的肯尼亚银行业》，2017 年。

M-PESA 的成功很容易被其他新兴市场复制，其中许多新兴市场的起始条件比 2007 年的肯尼亚更好。例如，许多贫困和新兴经济体的手机渗透率较高，获得传统银行服务的机会较少，这使得移动钱包成了创新融资的理想工具。

另外，肯尼亚的 M-PESA 比许多其他国家推出的移动电子货币平台更成功，这得益于 Safaricom 巨大的市场份额、强大的品牌影响力，以及合理的网点分布使其移动钱包服务更可得、更值得信赖（见图 5.9）。

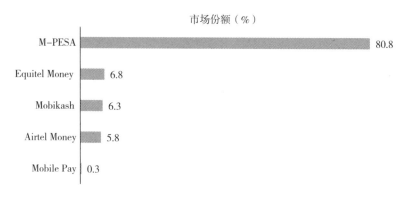

市场份额（%）

M-PESA	80.8
Equitel Money	6.8
Mobikash	6.3
Airtel Money	5.8
Mobile Pay	0.3

图 5.9　2017 年肯尼亚移动服务市场份额

注：Equitel Money、Mobikash、Airtel Money、Mobile Pay 均为肯尼亚主要的移动支付服务。

资料来源：肯尼亚通信管理局。

M-PESA 上线不到三年，就拥有了近 1 000 万用户，占肯尼亚成年人口的 50%。它的代理商网络同样迅速扩张。Safaricom 斥巨资建设了线下商店和售货亭网络，发展了代理商并与他们签约，还为他们提供了培训和激励措施，代理商网络由此发展壮大，几乎所有人都可快速获得代理商提供的服务。

继 M-PESA 上线后，第二大、第三大移动服务提供商也推出了自己的移动金融服务：Airtel 开发了 Airtel Money，YU Mobile 创建了 Yu-cash，Orange 推出了 Orange Money。这三项服务都模仿了 M-PESA，但都没有 M-PESA 成功（沃恩等，2013）。如果没有庞大的网络作为支撑，M-PESA 也不可能大获成功。

按照人均消费衡量，M-PESA 已经帮助肯尼亚人摆脱了极端贫困。它提供的更多服务增加了肯尼亚人的日常开支，特别是在以女性为主导的家庭中。更准确地说，M-PESA 不仅为肯尼亚人带来了贷款、储蓄和支付服务费用等方面的便利，还能减少因农作物歉收、干旱或健康问题造成的财务不确定性。通过 M-PESA 的支持网络，肯尼亚人可以在资金紧张时更快地收到付款。苏里和杰克（2016）发现，当代理商网络的密度变大时，以女性为主导的家庭的储蓄增加了 22% 左右。

　　然而，由于缺乏一个生态系统来支持客户在线上进行所有可能的商业活动，肯尼亚仍然没有全方位的移动金融服务。2012年推出的 M-Shwari 是肯尼亚首款储蓄和贷款产品。这款前沿产品由 Safaricom 和非洲商业银行合作推出，其贷款无论期限长短，"撮合费"皆为 7.5%，相当于 90% 的年化利率。2015 年 8月，肯尼亚政府终止了这种做法，为移动支付建立了正式的法律框架，禁止电子货币发行机构利用其信托资金赚取利息或任何其他财务回报，并强制要求这些机构将信托资金收益移交给慈善机构。

　　国际金融公司（2017b）的数据显示，肯尼亚的 Musoni 是世界上第一家完全以移动方式运营的小额贷款机构，只有 16 229名注册客户，其中 74% 是活跃客户。在活跃客户中，62% 是女性。该机构也有一定数量的非活跃客户。

　　M-PESA 和中国同类初创企业的巨大成功为我们带来了一个基本启示：低技能门槛在很大程度上促进了数字技术的渗透率。降低技能门槛应该是支持性技术基础设施建设的优先事项，对资源严重不足的经济体来说更是如此。

此外，硬件基础设施需要辅以软件基础设施，如以极低成本建成的通用数字身份识别系统。在中国，个人身份登记不再是一项挑战，但在许多其他发展中国家却不是这样。印度政府成功建立了全国数字身份识别系统，使 13 亿印度人无论贫富，仅凭自己的生物特征信息就能享受数字技术带来的各种好处。印度依靠人脸、指纹和视网膜特征建立了个人身份识别系统。印度唯一身份标识管理局成立于 2008 年，很快便为所有印度居民创建了唯一的"阿达哈尔号码"，这是一个基于生物特征和人口统计数据的 12 位身份识别码。现在，印度的贫民和其他弱势群体以及投资者，都能获得以前因为没有身份证件而无法获得的服务。随着个人生物特征与阿达哈尔号码的结合，用户不需要电话、银行卡或现金即可付款，这使许多创新应用成为可能。

适当的制度基础设施对商业的重要性

在经济和社会活动中，技术基础设施不会自动发挥作用。世界银行（2016）指出，"加强互联互通对减少信息不平等效果有限……在数字经济中产生和被消费的信息对数字技术的用户数量几乎没有影响"。

因此，在不同的应用领域（如社交网络、电子商务和数字金融），数字技术的采用和渗透可能存在很大差异，某些应用更容易获得成功。例如，数字社交网络似乎比网上购物更流行，因为电子商务需要更大的卖家生态系统，而卖家生态系统想要发展壮大，必须消除多种市场壁垒。

如何促进数字技术的应用？我们可以学习的第二个中国经验是，在使用商业基础设施的过程中，每一步都需要具体的技术解决方案和相应的市场机制。

正如第四章所述，商业繁荣依赖三大要素：搜索和匹配、合同执行、可信任的系统。虽然商业的性质没有改变，但需要重新建立商业基础设施，以便与数字技术兼容。

中国的电子商务并没有在互联网普及后立即一飞冲天。在支付宝的第三方托管服务大大缓解付款和产品交付过程中的信任缺失问题后，电子商务才驶入了快车道。随着市场协调在更多方面越来越数字化和透明化，强化业务协调的应用开始在网络上蓬勃发展，供应链管理应用便是其中之一。物流成本的急剧下降和可及性的提高，进一步加快了数字市场的一体化，随后出现的云计算和人工智能的广泛应用更是如此。

中国政府不仅为数字企业的发展创造了必要条件，还找到了适合本国国情的技术解决方案。以中国政府对数字支付的监管为例。支付宝和其他非银行支付方式最早于2004年出现，中国政府虽然对其进行了密切监控并提供了指导，但并未叫停相关创新，而是为数字支付技术的不断推进提供了发展空间。

要知道，在中国数字经济一体化的背后，是公共部门和私营部门的广泛合作，各方共同致力于为数字生态系统打造适当的治理和商业基础设施。就公共部门而言，中国政府坚持不懈地推动数字基础设施的发展，为商业创新提供了广阔空间。就私营部门而言，数字平台在发现和推广普惠性技术方面发挥了关键作用，为所有人带来了许多实际应用。

相关研究2：中国的科技发展

中国过去40年的科技发展是中国历史转型的一个缩影：从计划经济转向市场经济，从封闭孤立的体制转向开放综合的体制，创新驱动的产品和服务取代了低价值的仿制品。在每个发展阶段，中国都有不同的战略重点和优先事项，但始终不变的是对战略规划的重视（兼具灵活性）和为实施这些规划而形成的强大的政治意愿和体制。一方面，这些规划要求增加投入，包括增加教育投入、提高政府支出、对私营部门采取货币和财政激励措施。另一方面，这些计划要求提高效率，包括确定优先事项、保护知识产权、改善政府采购制度、营造良好的研究环境、鼓励对外交流。

这些努力促使中国经济快速发展，产生了更强劲的新驱动力：

中国市场经济发展的第一阶段（1978—1998年），驱动力主要是通过改革研发体制和市场机制释放了研发能力。

第二阶段（1998—2013 年）的主要驱动力是新型人力资源（大学毕业生增多）和引进的外国技术。

第三阶段（2013 年至今）出现了新的驱动力：倡导大众创业、万众创新，有些行业逐渐跻身全球（销售和培训）前列。

中国对基础设施建设的投资促进了国内和国际市场的一体化。中国的高铁、航空运输和公路等基础设施的发展已经领先世界（见图 5.10 和图 5.11）。

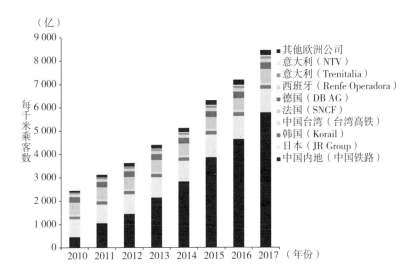

图 5.10　2010—2017 年各国或各地区高速交通客运量

资料来源：国际铁路联盟。

注：每个年份所对应的柱体由 10 部分（代表 10 个国家或地区）组成，这些组成部分的顺序如右侧图例所示。

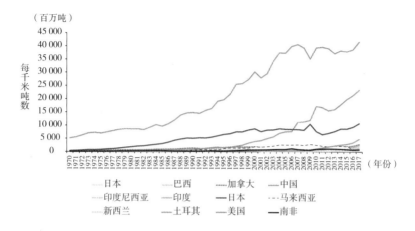

图 5.11 1970—2017 年各国或各地区航空货运量

资料来源：世界发展指标，世界银行。

　　发展基础设施有助于拓宽市场。事实已经证明，基础设施的快速发展对欠发达地区非常有益。从图 5.12 中可以看出，中国欠发达省份的基础设施投资的增长幅度都比较大。

　　许多国家还需要做更多类似的工作，对信息技术基础设施就该如此。在中东和非洲地区，购物者每年进行网购的次数多达11 次，这与东欧地区的网购频率差不多，甚至还高于拉丁美洲地区（见图 5.13）。但中东和非洲地区在全球网购业务中的占比却最低，大致仅占零售总额的 1%。究竟是什么原因导致该地区绝大多数人都不接受网购呢？在一次调查中，高达 28% 的受访者说"网购太贵了"，而在全球调查中，大约仅有 10% 的受访者给出了这样的答复（见图 5.14）。中东和非洲地区有多达 19% 的受访者表示自己无法进行网上支付（见图 5.15）。

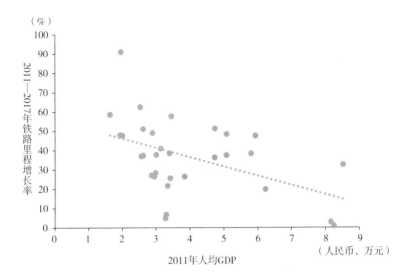

图 5.12　中国铁路里程与人均 GDP 之间的关系

注：每个点代表中国的一个省或直辖市。该图未包括中国港、澳、台地区数据。

资料来源：万得资讯，罗汉堂。

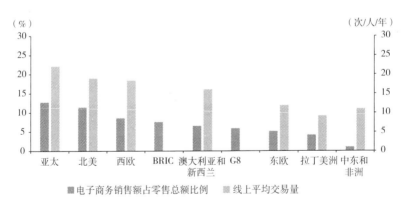

图 5.13　2017 年电子商务占零售总额比与网购频次

资料来源：欧睿国际，2018 年；毕马威。

注：BRIC= 金砖四国，G8= 八国集团。

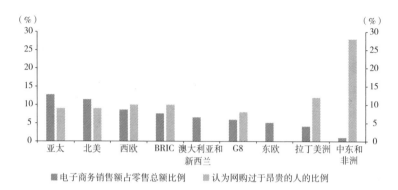

■电子商务销售额占零售总额比例　■认为网购过于昂贵的人的比例

图 5.14　2017 年电子商务占零售总额比与人们对网购的态度

资料来源：欧睿国际，2018 年；国际治理创新中心 – 益普索市场调查公司，2017 年；罗汉堂。

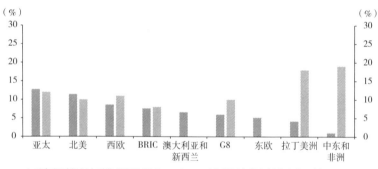

■电子商务零售额占零售总额比例（2017）　■不会使用在线支付的人的比例（2018）

图 5.15　2017 年电子商务零售额占零售总额比例与人们对在线支付的态度

资料来源：欧睿国际，2018 年；国际治理创新中心 – 益普索市场调查公司，2018 年；罗汉堂。

　　除了信息和通信技术覆盖面窄以及支付能力不足外，许多非洲人因为担心被骗而不愿意进行网购。在尼日利亚，"钓鱼"欺诈很普遍，人们心有疑虑，不愿意将自己的凭证信息传到网上。很显然，截至目前，中东和非洲地区还没能像中国那样，具有能促进数字经济一体化的商业基础设施。

　　网购的渗透很缓慢，这一定程度上是因为传统的线下市场已经充分满足了消费者的需求。这是阿罗替代效应的又一例证（阿罗，1962）。人们很容易认为现有服务还不错，因此不愿接受数字技术支持的新服务，尤其是新服务仍在探索商业模式时。在需求侧，不管质量如何，消费者已经习惯了现有服务，如果要他们改变已有的习惯，就要承担调整成本。在供给侧，同样会有调整成本，因为现有供应商已经适应了现行的制度安排，往往倾向于拒绝改变。要克服这种惰性，往往需要政府有意识地做出努力，就像中国那样，鼓励人们尝试市场驱动的创新。

　　因此，数字技术要发展出具体的应用，就需要一系列软硬件基础设施。由于存在调整成本，经济发展水平较高的国家和地区未必就是数字技术渗透速度最快的地方。

　　根据九合创投公司（2017）的研究，印度的电子商务发展很快，要想实现进一步的发展，可能需要进一步降低物流成本、改善基础设施、普及在线支付。2017年，印度60%的电子商务交易依然是现金支付，即采用货到付款的方式。早在2010年，印度就成功推出了支付软件Paytm，但网购的第三方支付还没有流行起来。即使出现了很多物流企业，印度的同城物流效率仍然远远低于跨城物流效率。根据世界银行的数据，在一般性交通基础设施方面，印度 2016 年的评分低于亚洲平均水平。印度线下零售业远比中国零售业分散，且主要以本地的小型零售商为主。这些小型零售商可能无法转向在线零售模式。所有这些因素，再加上强劲的经济发展，都表明印度电子商务和相关数字金融具有巨大发展潜力，但必须首先解决基础设施的问题。

以相对于数字"前沿"的差距来衡量追赶潜力，虽然中等收入国家的追赶潜力小于低收入国家，但前者往往拥有更好的基础设施，或许更能发挥普惠性数字化增长的潜力。1990 年，世界银行认定了 62 个中等收入国家和 43 个低收入国家。自那时起，有 82% 的中等收入国家的增长率高于高收入国家，只有 65% 的低收入国家的增长率超过了高收入国家（帕特尔等，2018）。尽管如此，在将今天的"中等收入陷阱"转变成明天的"中等收入蹦床"的过程中，数字技术肯定发挥了巨大的作用，这表明改善信息技术基础设施和支持系统对低收入国家非常重要。

市场一体化的重要性

在电子商务和数字金融领域，中国已经成为全球的领跑者。毫无疑问，这得益于两个因素：中国人口众多，有将近 14 亿人；中国已经成为世界第二大经济体和最大的制造业基地。中国的经验对有 50 多个国家、人口超过 11 亿的非洲具有重大的启示意义。

尼日利亚和埃塞俄比亚等较大的非洲国家的人口规模是否足以支持独立的数字经济仍有待观察，但对非洲大陆上 40 个较小的国家来说，形成某种形式的经济联盟可能更为紧迫。也就是说，人口规模较小的城市如果能很好地融入国际数字生态系统，就能避免遭受损失。在中国，人口较少的省份和人口较多的省份具有类似的电子商务渗透率（见图 5.16a）。在其他国家，情况同样如此（见图 5.16b）。

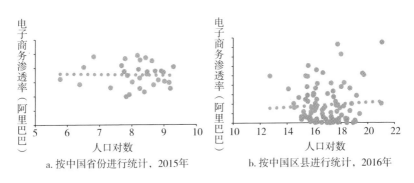

a. 按中国省份进行统计，2015 年　　　　b. 按中国区县进行统计，2016 年

图 5.16　电子商务渗透率与人口规模的关系

注：电子商务渗透率根据淘宝和天猫交易随机抽样样本计算。鉴于数据安全问题，纵轴隐去具体数值。上图未包括中国港、澳、台地区数据。

资料来源：淘宝，天猫；中国国家统计局；世界银行，2018 年；欧睿国际，2018 年；罗汉堂。

　　回顾过去，中国也曾面临自身市场一体化的问题，尤其是在其经济发展的早期阶段。20 世纪 90 年代，地区保护主义就是新兴的汽车产业实现规模经济的一大挑战。许多省市都把汽车行业作为自己的支柱产业，因而偏袒当地的小公司。而现在，数字公司和数字生态系统中的所有参与者都理所当然地认为中国是一个统一的市场，只需要一套法规、标准和商业规范，因而在整个国家内部，劳动力、信息、资本、商品和服务流动方面的市场摩擦都降到了最低水平。至少在某种程度上，印度等一些国家也是如此。

此外，更大的市场规模为更多的利基参与者创造了空间，多个平台的共存为新参与者和新平台的出现创造了更多机会。所有这些变化都有助于提高市场效率、改善市场竞争和促进市场创新。因此，非洲的市场一体化应当成为政策议程的首要关切，因为它不仅会产生直接的普惠性增长红利，还会刺激整体经济的增长，促进更急迫的市场一体化方面的改革。最近的跨境研究表明，更自由的数据流动能够刺激服务的跨境交易（费拉卡内和范德马雷尔，2018）并提高企业的生产率（费拉卡内等，2018）。

最近的几项公共部门倡议令人振奋。例如，《非洲大陆自由贸易区协定》就不啻为一项重大发展。在非盟的斡旋下，55 个非盟成员国中的 44 个已经在 2018 年 3 月签署了这一协定。市场一体化可以是不同层次的一体化，包括全球、大陆内部和特定区域，如东非地区。在可以预见的未来，区域市场一体化和与世界其他地区的一体化可能迎来更加光明的前景。东盟金融技术网络等区域一体化计划也为该区域提供了有益的试验。像尼日利亚这样较大的市场可以作为区域集团的中流砥柱，促进数字平台和数字生态系统的蓬勃发展。

可以肯定的是，如果处理得当，较小的国家将会具有明显优势，而且特别适合尝试一些新的想法。然而，就整个非洲而言，要想建立一个适合私营部门大展拳脚的统一市场，还有许多结构性改革有待实施，包括制定共同的标准、同步监管要求、精简清关手续、消除贸易和通信壁垒以及发展跨境运输和物流基础设施（马迪奥，2008；切鲁，2002；希夫等，2003；亚雷泰，1998）。

在这些领域，私营部门的解决方案已经开始出现。在2016年的杭州G20峰会上，由阿里巴巴集团提出的eWTP（电子世界贸易平台）得到了G20国家的认可。这是一种新的公私合作行动计划，是一项由私营部门牵头，汇集了众多利益相关者的倡议，目的是营造更自由、更具创新性和普惠性的国际贸易环境，消除中小企业面临的贸易壁垒，促进跨境贸易。2017年3月，马来西亚加盟该平台，成为首个海外合作伙伴。2018年10月，该平台在卢旺达设立了第一个非洲中心，并且扩充了平台名称eWTP中"T"的内涵，变成了4T：贸易、旅游、培训和技术。

数字技术的发展路径

从中国的数字技术渗透经验中获得的一条重要启示是，降低技能门槛至关重要，可以为所有人创造学习机会，建立新的连接和协调机制，承担和管理风险。

具体而言，数字经济的普惠性增长之所以能获得成功，首先是因为公共部门和私营部门之间建立了一种健康的关系，其次是因为公共部门鼓励私营部门进行试验，最后是因为公共部门支持数字平台的发展。

一、公共部门和私营部门的协同

要发展数字经济，就要清楚地了解公共部门和私营部门的作用，对任何一种发展路径都是如此，对数字经济来说尤其如此。公共部门必须发挥什么作用？这取决于其能否营造友好的监管环境，而后者又取决于其能否正确地预测私营部门会如何应对不断变化的市场环境。

人们普遍误解了中国政府在数字技术发展和传播方面所起的作用。与中国改革开放 40 多年的经历一样，新兴的数字经济不仅由私营部门开创和推动，而且由公共部门提供了关键性支持，包括营造有利于竞争的监管环境和发展高效的基础设施等。

在中国欠发达地区电子商务发展的每一个阶段，从农村到制造业、服务业，再到产业集群的完善，都是私营部门在遇到瓶颈时主动出击。反过来，基层公共部门也在努力消除各种壁垒，并积极为私营部门下一阶段的创新以及资本、技术和人力资源投资奠定基础（见图 5.17）。

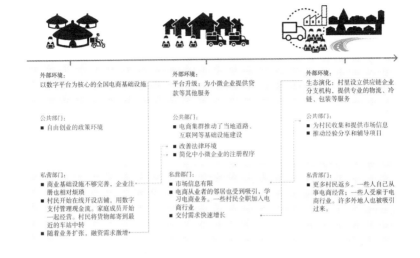

外部环境：
以数字平台为核心的全国电商基础设施

外部环境：
平台升级：为小微企业提供贷款等其他服务

外部环境：
生态演化：村里设立供应链企业分支机构，提供专业的物流、冷链、包装等服务

公共部门：
■ 自由创业的政策环境

公共部门：
■ 电商集群推动了当地道路、互联网等基础设施建设
■ 改善法律环境
■ 简化中小微企业的注册程序

公共部门：
■ 为村民收集和提供市场信息
■ 推动经验分享和辅导项目

私营部门：
■ 商业基础设施不够完善，企业注册也相对烦琐
■ 村民开始在线开设店铺，用数字支付管理现金流。家庭成员开始一起经营。村民将货物邮寄到最近的车站中转
■ 随着业务扩张，融资需求激增

私营部门：
■ 市场信息有限
■ 电商从业者的邻居也受到吸引，学习电商业务。一些村民全职加入电商行业
■ 交付需求快速增长

私营部门：
■ 更多村民返乡。一些人自己从事电商经营；一些人受雇于电商行业。许多外地人也被吸引过来。

图 5.17　典型"淘宝村"发展三部曲

资料来源：罗汉堂。

二、试验和最佳实践的广阔空间

数字技术是新生技术，发展非常快。因此，对于数字技术的采用和渗透，政府需要鼓励人们进行尝试和试验，这就意味着要勇于面对风险和失败。中国政府特别成功的地方在于允许创业者进行尝试和试验，特别是在电子商务和金融科技领域。

究竟什么模式适合非洲和中东地区呢？没有放之四海而皆准的模式。新的数字技术已经让人们对传统的发展模式，即所谓的"雁行模式"产生了怀疑，怀疑这种发展模式是否仍然是经济发展的唯一途径。

非洲大陆上的每个国家都有其特定需求。世界上没有成功的唯一模板。但让数字技术成为国家和区域发展的组成部分，肯定是取得成功的关键因素之一。中国在数字技术的采用和渗透方面取得成功的最重要原因之一是，中国有能力将发展新技术作为国家发展进程中的优先事项。如果说农村就业和工业化是重要的发展目标，那么中国"淘宝村"和"淘宝镇"的经验可以成为值得复制的有趣模式。地方政府首先必须仔细考虑需要解决的关键问题，例如，技术的采用是否滞后、人们是否缺乏相应的技能、是否有轻微的腐败，然后再决定采取什么行动。地方政府肯定会从培训中受益，如使用第三章所说的阿里巴巴开发的系统。既然数字技术和经济一体化对普惠性增长必不可少，那么积极地推动区域性和全球性的贸易协定，发展具有良好数字商业基础设施的经济特区就是未来的优先事项。

除了建立适当的监管框架以鼓励私营部门创新外，充分利用外部知识和经验对非洲同样非常重要。以经济复杂性指数衡量，很多非洲国家的内部增长能力远不及同一发展阶段的亚洲国家（楚，2017）。有人认为非洲经历了过早的"去工业化"，与中国崛起为世界最大的数字技术硬件制造大国形成了鲜明对比（罗德里克，2016）。因此，即使考虑到数字技术的技能门槛较低，非洲国家也比处于同一发展阶段的东亚国家需要更多帮助。

给非洲带来进步和希望并不是当今世界唯一的任务。世界上很多国家在采用数字技术并从中获益的竞赛中落后了，而在每个国家内部，有很多机会有待开发。但是，非洲确实是下面将要讨论的最大一片"蓝海"，我们迄今探讨的所有启示在不同程度上适用于世界其他地区。

三、数字平台的关键作用

平台企业是数字增长的核心，值得特别关注。这类企业在经济体中的地位迅速上升，对我们的日常生活产生了巨大影响，已经引起了广泛关注，特别是在"垄断"力量和个人数据隐私保护方面。这些问题确实值得认真关注，我们将在第六章展开讨论。然而，目前尚未获得应有关注的问题是平台企业在促进熊彼特式竞争方面发挥的独特而关键的作用，这也将在第六章中被探讨。熊彼特式竞争是指通过创造新产品和新生产方法来降低产品价格以及推出各种创新产品和服务的竞争，它已经帮助数以亿计的中国人和其他地方的人摆脱了贫困。正如我们看到的那样，经济一体化和普惠性通常与数字平台，而不是其他部门或其他社会经济环境具有天生的适配性。

即使在缺乏成熟的数字基础设施的地区，以数字平台为中心的生态系统也可以在促进普惠性增长方面发挥关键作用。就像"新零售"业务中的线上线下整合一样，这种以本地线下网络作为辅助力量的模式正是成功的秘诀，可以在其他新兴市场中被复制。实际上，中国很多小额贷款机构已经与平台企业展开合作，为更多农村地区的企业和消费者提供了方便快捷的低成本融资服务。正如尼日利亚研究人员提到的那样，在提供贷款时，中国领先的金融科技企业通常使用 3 万 ~10 万个数据点对消费者和商家进行评估。尼日利亚的 Lidya 等金融机构一般仅使用 100 个数据点进行信用评估。在很难获得高质量、连贯数据的地区，100 个数据点已经算得上是相当牢靠的数据集了（路易斯，2019）。

建立新的市场和推行"蓝海战略"是促进平台业务快速增长的一种可能方式（金姆和莫博涅，2014）。"蓝海战略"就是同时追求差异化和低成本，以开辟全新的市场空间，创造全新的需求。这种战略的实质是开创和抢占还没有人争抢的市场空间，从而使竞争变得无关紧要。事实上，"蓝海"主要是由边缘群体和弱势群体占据的。这也是为什么淘宝在其发展初期，经常被戏称为"被遗忘之人和绝望之人试图出售被遗忘的剩余产品的市场"（曾鸣，2018）。那些因为太穷、太偏远、太陌生而无法被服务的人，现在成了有利可图的客户。那些下岗失业、穷困潦倒或被认为不适宜与人共事的人，如今找到了融入正规经济的出路。那些规模太小或者不太正规的企业，现在对金融机构来说也是有利可图的。

平台企业的崛起，也许是数字时代最令人振奋的消息。随着时间的推移和必要的基础设施的完善，这些平台及其参与者将更能体会到这种"造性建设"带来的各种好处。在更具支持性的监管环境有助于创业者充分利用新的数字技术的情况下，更是如此。这样，它们就能在"蓝海"深处找到更富饶、更具普惠性的栖息地。

前文已经说过，数字技术帮助数以亿计的人摆脱了贫困，为文化水平最低、技能水平最低的社会群体提供了机会；显著地促进了两性平等；帮助了弱势群体，使他们能够进入市场；为政府创造了收入，使其能够提供原本无力负担的社会安全网。随着新一轮数字技术浪潮的到来，以及创新和结构性改革的持续进行，即使在数字技术尚未渗透的领域，人们也有很多理由感到乐观。

当然，在数字技术发展进程中，并不是每个人都是赢家。特别令人担忧的是老年人。前文提到过，对于熟悉互联网的人来说，智能手机上的网购应用程序变得更加简单流畅了。然而，许多老年人仍然无所适从。在未来，这些数字技术设备可能会使用自然语言而不是通过"点击"来帮助人们挑选商品和下单，从而为那些因实体商店的消失而深受其害的老年人扫除障碍。

从历史上看，全球经济增长留下了许多后遗症，加剧了一些地区收入和生活水平的不平等，而把另一些地区抛到了后面。这一过程可以一直追溯到导致"大分流"的第一次工业革命。随着技术和制度创新的全球化和扩散，"大分流"开始得到了纠正（鲍德温，2016）。虽然许多国家内部的不平等状况日益恶化，但自第一次工业革命以来，全球的收入不平等状况已经首次开始好转。数字技术的传播改善了数百万人的生活，为人们提供了进入一体化全球市场的机会，这在以前是无法想象的。因此，我们有理由预期，在今后的几十年里，随着数字技术的进一步传播，全球不平等状况将进一步好转。

第六章

理解和应对难以预见的挑战

尽管数字革命已经取得了各种进展，前景光明，但它也面临着意料之外的挑战，必须妥善应对。纵观历史，每一次技术革命都会为回报更高的投资和报酬更高的工作创造长期的机会。然而，数字技术浪潮中既有赢家也有输家，特别是在新技术的影响发挥作用之前。

　　正如熊彼特（1942）所预测的那样，这种"创造性破坏"——资本主义经济的激烈竞争所造成的商业和就业机会的丧失——有时伴随着社会和政治上的巨大不确定性和焦虑感。那些面临投资损失、技能过时和失业风险的人完全有理由对技术革命忧心忡忡。如果想维持社会和经济的平稳健康发展，政策制定者和创新者就必须解决这些问题。

　　但是，技术进步也要求政府允许企业在竞争中失败。维持"僵尸银行"和失败企业（该银行的贷款对象）将降低宝贵资源的利用效率，阻碍经济发展。在日本（自 20 世纪 90 年代起）和欧洲（自 2008 年起）经历的增长停滞中，支持"僵尸银行"和失败企业的政策是罪魁祸首之一，阻止了有望获得成功的企业的崛起（卡巴莱罗等，2008；阿查里雅等，2019）。

　　不过，政府也不能任由失败的投资者及其技能过时的员工自生自灭，而是要帮助这些人，让他们在一个具有自我毁灭倾向、残酷无情的"美丽新世界"（赫胥黎，1932）中拥有竞争力。

　　我们从技术创新的历史中学到的一条具有普遍意义的教训是，必须正确理解技术创新的机遇和风险，以便充分利用技术创新带来的好处，同时尽量降低可能无法逆转的伤害，最终实现温和的而不是迅猛的经济增长，同时保持政治稳定，为经济发展创造有利条件。

我们并不希望淡化处理技术创新的负面影响。接下来我们将讨论数字技术对就业、竞争、平等和个人隐私保护的潜在不利影响以及由此所引发的普遍担忧。但在开始讨论之前，我们必须先对现有证据做出准确评估。

数字技术与就业

一、定义问题

人们对自动化和人工智能的担忧愈演愈烈，担心这些技术会大规模取代人工。但值得注意的是，美国的失业率在 2018 年 11 月达到了 3.7%，创 1969 年以来的新低，就业机会超过了求职者的数量。自第一次工业革命以来，人们对机器取代人类的担忧反复出现，但实际上每一项新技术都提高了生产率，使数百万人摆脱了贫困，并未对就业造成持久的不利影响（莫基尔等，2015）。然而，许多评论家认为这次不一样。仔细审视既往事实，厘清过去到底发生了什么，应该可以为这样的讨论提供些许有益信息。

二、探寻证据

1. 技术革命和人口增长并未导致失业率上升

　　自第一次工业革命以来，全球人口和劳动力供应出现了空前增长。人类历史最早可追溯至 260 万年前，但截止到 18 世纪，全球人口从未超过 7 亿。然而，在工业革命之后的 200 多年间，全球人口暴涨逾 10 倍，于 2017 年达到了 75 亿。自 1990 年首次有相对可靠的全球失业率数据以来，劳动年龄人口增加了近 20 亿，而全球失业率始终稳定在 6% 左右（见图 6.1）。

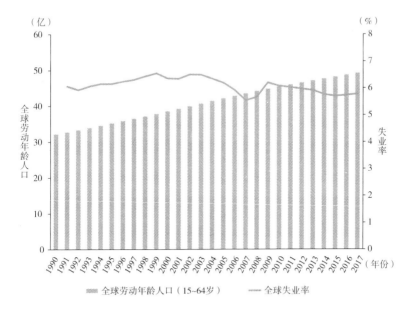

图 6.1　1990—2017 年全球工作人口和失业率

资料来源：世界银行，世界货币基金组织，罗汉堂。

尽管工业化时代早期的统计数据可能有些问题，但多项经济研究表明，以往几轮技术革命并未导致失业率上升。原因显而易见：无论技术进步的程度如何，劳动力市场都会进行自我调节，使失业率回归均衡状态，不过前提是要保证自由竞争和没有破坏性的刚性规定，如过高的最低工资标准、其他干预市场的政府法规、过高的税收以及影响人们再就业积极性的福利转移，也不能有原料和产出方面的强力垄断，因为这会阻碍劳动力和资本流向能创造最大价值的领域。

在经济衰退时期，工资可能必须降至非常低的水平，才能达到"凯恩斯均衡"。这时候，政府是允许劳动力市场在短期内以较低的工资水平运行，还是插手干预，冒着失业率上升的风险抬高工资水平，而非采取财政和货币刺激措施把所有人救出火坑？这是事关社会选择的问题。

没有哪个国家承受得起国内大量劳动力长期失业。即使政府采取的政策适得其反，持续的高失业率也非常罕见，因为社会有自我纠正的能力，这体现在几个方面：政权更迭，如美国前总统克林顿著名的竞选口号"笨蛋，关键在于经济！"；防止出现动荡的结构性改革，如德国哈茨改革；在没有进行结构性改革的情况下，就业机会转移到统计机构无法统计的非正规市场，哥伦比亚和其他拉丁美洲国家就是如此。

尽管如此，对技术革命影响就业的合理担忧仍不容忽视。截至目前，我们已经看到生产率较低、收入较高的工作被机器取代或消灭了。在19世纪和20世纪之交，亨利·福特的汽车流水线生产模式使得成千上万的马车生产者失业，虽然他们的工作被淘汰了，但新生产模式也创造了大量的就业机会，将美国汽车工人的工资提高到了每天 5 美元（按通胀率调整后，相当于现在的每天 126 美元，每小时 15.75 美元）。然而，20 世纪初的工人平均工资仅为每天 1.5 美元（按通胀率调整后，相当于现在的每天 38 美元，每小时 4.75 美元）。对比一下，历史工资的平均水平远低于现在工资的平均水平。

也可以研究一下早期"数字技术"的微小演进所产生的影响：拨号电话使美国电话接线员的数量从 1956 年的 755 万降至现在的不足 1 万，而保住工作的电话接线员的时薪为 18.47 美元（美国劳工部和劳工统计局）。这个例子表明，当机器可以比人类更好地完成一项工作时，对劳动力的相关需求就会枯竭，即使不需要支付劳动者报酬。尽管如此，就整体经济形势而言，就业率随后出现了大幅攀升，美国和世界上其他很多地区都实现了充分就业，而且工资水平有所提高。

在历史上，机器每夺走一个就业机会，就会有至少一个生产率更高、报酬更高的新就业机会出现。然而，有些人担心这次不一样——机器学习将改变游戏规则，人工智能会使更多人失业（哈拉里，2018）。诚然，未来充满不确定性，没人确切地知道事情将如何发展，本书作者同样如此。

不过，从现有证据来看，我们可以做出一些有根据的猜测，并探讨一些可能出现的问题（也可能不存在），以应对数字技术对劳动力市场的渗透。

2. 截至目前，全球自动化并未导致失业率上升

没有证据表明，因全球自动化的加速推进而消失的就业机会超过了它新创造的就业机会，进而导致了失业率上升（世界银行，2019）。1990—2017 年，全球机器人出货量增长了 4 倍多。在全球自动化水平最高的国家中，只有瑞典的失业率略高于世界平均水平（见图 6.2）。作为全球数字技术采用速度最快的国家之一，中国的失业率仅为 4%，与美国相差无几。这些数据至少能在一定程度上缓解其他国家对机器人导致人类失业的担忧。

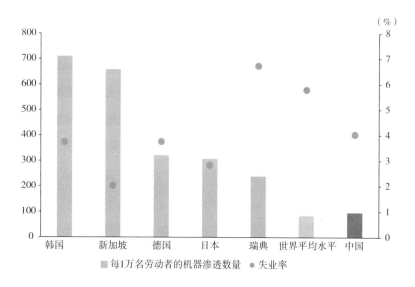

图 6.2　2017 年机器人渗透率和失业率

资料来源：世界银行，国际机器人联合会，罗汉堂。

不过，如果更深入地探究机器人对当地劳动力市场的影响，就会产生一些合理的担忧。虽然相关研究尚处于起步阶段，但有

一项研究发现，在每千名美国劳动者中每增加一台机器人，就业率就会降低 0.18%~0.34%，工资也会减少 0.25%~0.5%（阿西莫格鲁和雷斯特雷波，2017）。另一项研究发现，在 16 个欧洲国家中，工业机器人的应用不仅提高了人均劳动生产率和附加值，还提高了工资水平和全要素生产率，同时并未对总工作时长造成显著的不利影响（格雷茨和迈克尔斯，2018）。在德国，没有证据表明工业机器人的应用导致了就业机会整体减少，但似乎导致了就业机会向服务业转移（多思等，2017）。机器人替代了部分中级技能、较年轻的劳动者，但尚未对工资水平造成影响（基亚基奥等，2018）。这些研究表明，新技术对劳动力市场基础结构的影响是非常复杂的。需要对此进行更多研究，才能充分了解自动化带来的全部影响。

请注意，这些研究衡量的是机器人这一特定数字技术在行业内部的微观经济效应。阿西莫格鲁和雷斯特雷波（2017）写道："机器人的影响不同于提升了整体生产率的其他信息技术资本的影响……"的确，如上文所述，数字技术，尤其是信息和通信技术，已经在宏观经济层面对工资和就业产生了显著的积极影响，这一点在新兴市场中尤为明显。越来越快的网络连接对就业率产生了明显的积极影响，甚至对低学历劳动者的就业率也如此。在 12 个非洲国家，几乎没有就业机会被机器人取代（约尔特和波尔森，2019）。这得益于高技能岗位的就业率提升以及更加激烈的竞争、更大规模的出口和更高的生产率。

在许多新兴市场，较低的"单位劳动力成本"所产生的正面溢出效应（技术进步促使单位劳动力的产出增加，这降低了单位产出的平均劳动力成本）足以抵消新技术对劳动力的任何替代效应。对 12 个亚洲新兴国家的一项综合分析表明，2005—2015 年，在劳动力需求保持不变的情况下，机器与信息和通信技术的采用使就业率降低了 66%，而更低的产品价格导致消费者对商品和服务的需求上涨，就业率随之提高了 88%。这足以抵消数字技术对就业的负面影响，并带来额外的就业机会（亚洲开发银行，2018）。

我们认为，数字技术催生了新的商业模式，带来了之前无法想象的就业机会（布林乔尔夫森和麦卡菲，2014）。电子商务和零工经济的兴起，让人们可以更自由地选择工作时间和工作地点（卡茨和克鲁格，2019），这极大地增加了劳动力的供给和需求，使数亿人摆脱了贫困。

也就是说，数字技术浪潮中既有赢家也有输家。与人类所知的其他发明一样，数字技术的快速采用和渗透为劳动力市场带来更多"扰动"，使那些无法适应新技术的人陷入了困境，但这次的情况与以前的工业革命和通信革命完全不同。工业革命和通信革命使某些职业整体消失了（如马车生产者和电话接线员），使那些无法获得必要技能去从事生产率更高、报酬更高的新工作的人，无法享受到新技术带来的广泛好处。

而我们现在看到的"创造性破坏"势必会淘汰现有的人力和物质资本。如果政府不采取干预措施，帮助人们学习必要的技能、从事报酬更高的新工作，受影响的家庭就会遭受重创，社会就会陷入动荡。为此，我们需要回答一个越来越重要的问题：如何构建能适应技术变革的人力资本，即重塑教育和培训系统？必须承认的一点是，这一问题还没有令人满意的答案。

工作性质的快速变化带来了严峻、复杂的经济和社会挑战，这关乎劳动者的权利和就业环境，其中与就业保护相关的政策改革已经被提上议事日程，旨在帮助劳动者跟上工作性质变化的步伐，有许多工业化国家都在研究解决这些问题的最佳方法（世界银行，2018；卡茨等，2018）。

相比购置成本和维护成本较高的工业机器人，技能门槛相对较低的数字技术更适合发展中国家的劳动力市场环境。这是因为数字技术对当地就业和工资待遇的直接负面影响很小，甚至没有影响。但通过正规教育和培训来开发人力资本的速度通常较慢，往往需要经过几代人的时间才能完全发挥其潜力，因此，新兴国家的政策制定者也应该密切关注本国面临的挑战。这些国家必须要有所准备，在劳动力市场问题变得难以驾驭之前就着手解决。

总而言之，有可靠的证据表明，数字技术用生产率高、报酬高的就业机会取代了生产率低、报酬低的就业机会，从而对就业产生了积极影响。由于数字技术降低了生产成本，经济得以扩张，自动化和非自动化任务对劳动力的需求均有所上升，这种情况在服务业中十分常见，因为机器人的编程和运营仍然依靠人力。由数字化水平的提高带来的资本积累也会提升对劳动力的需求。数字化程度的提高往往会提高生产率和工资水平，拉升对劳动力的需求，而不是导致人类被取代（阿西莫格鲁和雷斯特雷波，2017）。

与此同时，我们并不知道数字技术是否在非自动化经济部门中创造了更多的间接就业机会，也不知道教育和培训能否跟上新技术所导致的劳动力市场的结构性变化。在这些方面，还需要进行更多的研究，以便发现数字技术蕴藏的更大机遇，制定相应的政策使技术创新更具建设性而不是破坏性，即便是短期的破坏性。政策制定者应该始终牢记凯恩斯的箴言："从长远来看，我们都已死去。"

案例 5：中国和美国的零售业就业情况

电子商务是数字技术渗透速度最快的领域之一，我们将更仔细地审视电子商务对零售业就业情况的影响。

零售业经历了四个发展阶段（埃里斯曼，2017）：

- 零售 1.0：以夫妻店的形式经营的本地杂货店主宰着本地零售业。在 20 世纪的零售 2.0 革命期间，许多此类杂货店被取代。

- 零售 2.0：目录商店和大型百货商遍布美国各地，提供了各种各样的产品，这一阶段以美国蒙哥马利·沃德和西尔斯百货的兴起与杂货店的衰落为标志。

- 零售 3.0：以沃尔玛和山姆会员店为代表的超市和仓储式会员店兴起，加剧了竞争，削弱了当地商店的市场影响力。在美国，仓储式会员店和超市于 20 世纪 80 年代开始大量涌现。随着竞争的加剧，许多本地商店倒闭，零售业生产率在 1987—2007 年提高了一倍，价格则大幅下降（豪斯曼和李柏泰格，2007；投资百科）。

- 零售 4.0：电子商务创造了新的零售业态，即线上零售。线上和线下销售的结合有助于改善消费体验和降低零售价格，从而降低所有人的生活成本。

　　美国正从零售 3.0 转向零售 4.0。而在中国，零售 2.0、零售 3.0 和零售 4.0 同时存在，这导致了以下结果：超市和仓储式会员店逐渐取代传统的杂货店和百货商店；电子商务在全国范围内迅速崛起；电子商务以平台形式运行，将超市、仓储式会员店、杂货店、百货商店统统整合到了一起。

　　这些趋势对销售和就业有何影响？近年来，美国零售业的就业机会有所增加。随着就业机会向电子商务领域转移，新创造的就业机会远远多于被消灭的就业机会。2007—2016 年，电子商务行业创造了 12.43 万个就业机会。电子商务从业者的年增长率大大高于零售业（见图 6.3）。2007 年 12 月—2017 年 6 月，电子商务每周为消费者节省 6 400 万小时的购物时间，这些节省下来的时间转而被用于其他创收活动（曼德尔，2017）。

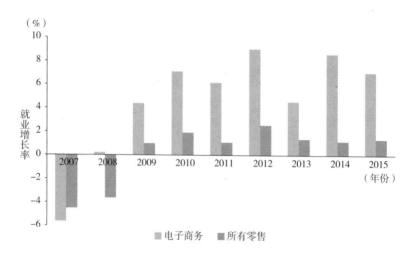

图 6.3 2007—2015 年美国电子商务和零售业就业人数增长率

注：电子商务就业是指电子购物和邮政公司的就业；根据美国劳工统计局的分类，普通零售就业计入所有的零售相关行业就业。

资料来源：埃尔卡·托佩伊，2018 年；美国劳工统计局。

2013—2016 年，美国创造的就业机会尤其引人注目（见图 6.4）。在这段时间里，美国的电子商务和一般零售业总共创造了 37.3 万个就业机会，大致相当于美国零售业在 20 世纪 90 年代最辉煌的三年（1997—2000 年）中创造的就业机会之和。

2005—2017 年，美国零售和批发业以及普通仓储和邮政服务业的就业人数稳步增长，从 2 556 万人增加至 2 704 万人（见图 6.5）。这主要是因为更多样化的产品和更低的网购成本导致消费者对零售服务的需求增加。

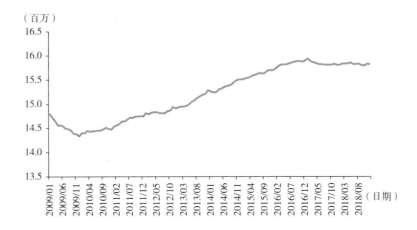

图 6.4 2009—2018 年美国零售业就业总人数

资料来源：美国劳工统计局。

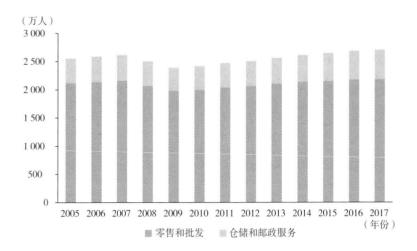

图 6.5 2005—2017 年美国零售及相关行业总就业人数

资料来源：美国劳工统计局。

2005—2017 年零售和批发业以及普通仓储和邮政服务业的就业实现了更强劲的增长。同一时期，电子商务兴起，竞争变得更加激烈。中国零售和批发业以及普通仓储和邮政服务业的就业人数从 980 万增加至 2 000 万。这些行业的就业人员分别增加了 349 人万和 664 万人（见图 6.6）。零售和批发业不仅创造了新的就业机会，还提高了薪资和福利待遇（www.chinabriefing.com）。这得益于中国中产阶级的壮大以及可支配收入和总体消费水平的提升。由于相关行业的快速发展，新增加的就业机会和收入抵消乃至超过了就业和替代效应。

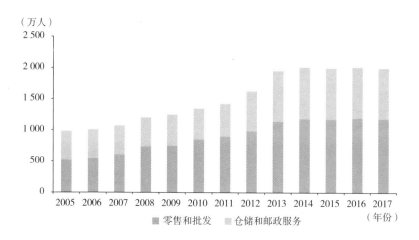

图 6.6　2005—2017 年中国零售及相关行业的总就业人数

资料来源：中国国家统计局，罗汉堂。

数字时代的竞争政策

一、促进竞争的原则

数字平台能产生直接网络效应和间接网络效应。直接网络效应是指网络对每个用户的价值会随着使用同一平台的其他用户的数量的增加而上升；间接网络效应是指网络对其中一方（如买家）的价值会随着另一方（如卖家）数量的增加而上升（罗契特和梯若尔，2003 和 2008；阿姆斯特朗，2006）。如第五章所述，数字技术边际成本低和技能门槛低的特性放大了这些网络效应。每个用户同时成了平台的生产者和受益者。实际上，数字平台与一体化市场高度类似，覆盖的地理范围越广，相互关联的生态系统越大，对社会的价值就越大。

但这些平台如何影响竞争呢？相对于更具竞争性的系统，这些平台是否会变成垄断者，抬高价格，减少产品多样性呢？为了理解这一问题，我们需要先审视竞争政策的几条一般原则。

首先，竞争政策的目标是确保公平竞争，防止市场影响力被滥用，而不是惩罚赢家、保护输家。在美国，竞争政策的焦点是保护消费者，而不是保护想赢得消费者青睐的企业。如果一家公司的市场主导地位源于比竞争对手更低的价格、更好的产品，那么这家公司根本不需要惧怕反垄断机构。但如果该公司利用其市场主导地位和雄厚的财力干扰市场的正常运转、阻止其他公司争取自己的客户，那么它就要当心被反垄断机构找上门。

如果新进入者在公平竞争中失败了，且赢家是因为向客户提供更好的服务而胜出的，那么输家不应该指望反垄断机构搭救自己。竞争政策的制定者和执行者不应该为输家兜底，应该允许它们被更有效率、更有创造力的公司打败（瓦里安和夏皮罗，1998）。这样的失败其实是一种胜利，有助于通过竞争来保护消费者利益和促进整体经济的发展。

其次，正如梯若尔（2014）所说，竞争政策的范式是丰富而复杂的，除了规模和市场份额外，还涉及许多其他考量因素。"统计公司数量或其市场份额，只能大概知道市场上是否存在竞争。"各个行业均有其特殊性。"相应的，经济学家往往主张通过一事一议或者'合理分析规则'来解决反垄断问题而不是采取严格的'本身违反规则'。"通过提高效率、降低成本、提高产品多样性、增加产品价值而取得的市场主导地位具有积极意义，反垄断和其他公共政策应该加以鼓励。

整个生态系统的覆盖范围和影响也应该纳入考量，对双边平台来说更是如此。新进入市场的小平台和成名的大公司都会利用网络效应和非对称定价策略，如只向某些用户收费、不向其他用户收费，来服务客户。梯若尔（2014）表示，"监管机构不能把标准的反垄断观念生搬硬套到不适用的地方"。

最后，竞争政策的重要标准之一是可竞争性，即市场新进入者可以在公平竞争中超越现有竞争对手。竞争政策应该确保消费者能够自由选择，市场是可竞争的。效率相同或更高的新进入者会对现有企业构成威胁，这有助于促进创新、拉低价格，为消费者提供更多选择。这种威胁会迫使现有企业提供更好、更有创意的产品和服务，维持甚至增强自身竞争力，而这些产品和服务是防范潜在进入者的必要条件。

可竞争市场的关键特征是新进入者可以采取"打了就跑"的策略（德姆塞茨，1968；鲍莫尔，1982）。必须允许高效率的竞争对手能够顺利进入市场，它们面临的障碍应该仅仅来自现有竞争对手的更高效率，不是任何的人为障碍。同样重要的是，必须允许现有企业在公平竞争中捍卫自己的利益。

二、探寻证据

根据上面提到的原则，电子商务市场中关于竞争的一些主要事实值得重新审视。某些数字行业的市场集中度很高。例如，谷歌占美国在线搜索市场 63% 的份额。亚马逊一直占据主导地位，能更好地满足消费者对低价的高质量服务的需求，以至于市场正快速接近一个临界点，即在亚马逊网站上花钱购物的消费者超过了其他所有零售商的消费者数量的总和（伦顿，2018）。在欧盟，近 45% 的网站仅拥有欧盟 10% 的流量，而覆盖了所有欧盟国家的不足 1% 的网站，拥有近 50% 的流量。

如此之高的市场集中度使一些人认为，平台正在扼杀有效竞争，就像百年前的敛财资本家一样。有人呼吁采取更加严厉的反垄断政策，拆分最大的那几家公司。他们的主要理由是，数字平台用其获得的海量数据，在自己周围构筑了牢不可破的"护城河"。有人认为，这些数字平台利用巨大的网络效应形成了"赢家通吃"的市场格局，导致了权力的垄断和滥用。

在评估数字平台对社会的总体影响时，有几个问题需要解答："赢家通吃"是假设还是事实？作为中间人的某个数字平台是惠及了所有人，还是只为自己创造了更好的发展机会？高市场集中度会不会损害消费者的利益、妨碍公平竞争？消费者是否同时在使用多个平台，因此平台的规模和大小其实并不能作为垄断的衡量标准？

中美两国的情况值得分析，而中国的情况尤其具有启发性。在中国，虽然电子商务发展迅速，但有越来越多的公司参与竞争，这表明可竞争性处于健康水平。我们发现，中国金融科技领域出现了两大趋势。一是非银行支付行业的竞争十分激烈。二是无论就支付量还是资产管理规模而言，传统金融行业仍然占据主导地位。然而，金融行业正变得越来越具有竞争性，金融产品和服务的价格降低了，从业者工资提高了，这使数亿用户受益。传统金融行业还与金融科技公司开展了越来越多的合作。

问题并不在于现有主导者的所谓"垄断力量"（用效率优势以外的其他力量将潜在对手排除在市场之外），而在于缺乏具有创新能力和能够让新商业模式成功落地的新进入者。政策制造者没必要想方设法打破现有的"垄断"，应该基于效率优势和消费者满意度来营造一个公平竞争的环境。政策制定者应该制定规章制度，鼓励"来自新产品、新技术、新供应来源、新型企业的竞争……竞争力并非源于现有企业的利润和产出，而是源于其根基和生命力"，培育"产业突变过程，它不断地从内部革新经济结构，即不断地破坏旧的，又不断地创造新的结构"（熊彼特，1942）。

美国的情况同样表明，在数字经济领域，大多数行业很难形成"赢家通吃"的格局。在过去 20 年中，许多大型互联网公司都运营着专注于内容的数字平台以吸引观众户，并向广告商出售对内容的访问权限。然而，以受关注程度来衡量，领先企业的起起落落正体现了数字经济领域的剧烈变化。在每年排名前 10 的网站中，1996—2006 年有 9 家网站跌出榜单，2006—2011 年有 6 家，2011—2016 年有 3 家（见表 6.1）。

表6.1　独立访问量排名前 10 位的网站

	1996 年 1 月	2006 年 1 月	2011 年 1 月	2016 年 1 月
1	美国在线	雅虎	雅虎	谷歌
2	WebCrawler.com	MSN-Microsoft	谷歌	脸书
3	Netscape.com	Time Warner Network	微软	雅虎
4	雅虎	谷歌	脸书	微软
5	Infoseek.com	易趣	美国在线	亚马逊
6	Prodigy.com	亚马逊	Ask Network	美国在线
7	Compuserve.com	Ask Jeeves	Turner Digital	Comcast NBCUniversal

续表

	1996 年 1 月	2006 年 1 月	2011 年 1 月	2016 年 1 月
8	UMich.edu	Myspace.com	Viacom digital	CBS Interactive
9	PrimeNet.com	New York Times Digital	Glam media	苹果公司
10	Well.com	Viacom Online	CBS Interactive	Mode Media (Glam Media)

注：在 2013 年之前，ComScore（美国一家全球性信息服务提供商）的网络媒体资源排名仅基于个人电脑端的访问量，在 2013 年之后，则基于个人电脑端和移动端的访问量相加。

资料来源：ComScore。

在线预订平台同样面临着激烈竞争。虽然不同平台的市场份额起伏不定，但没有明确的迹象表明市场份额正在向少数平台集中。包括爱彼迎、猫途鹰、亿客行、好订网（Hotels.com）、普利斯林（Priceline.com）在内的所有平台都没有破产倒闭，没有迹象表明预订短期住宿的消费者正在向某一个平台集中。

数字经济具有两大独有的特征：一是，参与市场竞争的数字平台通常提供的是差异化产品；二是，属于平台一方或多方的客户可以同时使用不止一个平台。这两大特征使得竞争长期存在，几乎不可能出现某家企业长期占据主导地位的局面。

我们并没有探讨与竞争相关的所有维度，也很难说掌握了相关公共政策的全部影响，但比较肯定的是，目前的讨论错误地聚焦于平台规模，而不是平台的动态竞争要素。事实已经证明，这些竞争要素对社会大有裨益。另外，数字信息的力量基于互联互通和彼此合作，而不是相互隔绝和竞争到你死我活。为了避免做出草率的、在经济和政治上适得其反的政策选择，正确权衡平台的利弊非常重要。

　　一系列积极的政策方向值得考虑。正如梯若尔（2014）提到的，参与性反垄断程序也许可以应对目前的一些监管挑战（见图6.7）。另外，监管沙盒可以作为试验场，用来测试和培育那些不在现有监管法规的适用范围内但能促进竞争的新商业模式。专利池和数据协作策略的范围和程度也值得探索。

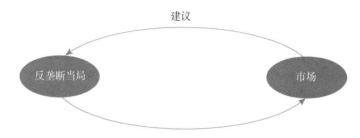

图 6.7　优化参与性反垄断的程序

资料来源：让·梯若尔于 2018 年 10 月 10 日在 TSE 发表的主题演讲。

数字技术与隐私保护

一、定义问题

　　隐私权是指"个人决定自身哪些信息可以被他人所知的权利"（韦斯廷，2004）。在所有社会中，隐私权都是公民的一项基本权利，因为它有助于保持个人自主权，释放因扮演社会角色而产生的压力，提供一个可供自我评价的安全空间。最重要的是，隐私权有助于保持相互信任的亲密关系和巩固彼此的社会联系（韦斯廷，1967）。社会受益于个人的心理健康、个人的创造性成果以及强大的社会网络。经济同样受益于这些因素，因为如果通过挖掘大量的数据，在当事人不知情的情况下揭示出其"既存状况"，则很多交易，尤其是涉及保险的交易，可能就无法达成（赫舒拉发，1975）。

个人数据是指与已识别或可识别的自然人有关的信息（欧盟，2016），是个人参与数字经济的媒介。通过向数字平台提供这些数据，个人可以获得更具个性化的服务，节省时间，获得更多好处。但未予明确的隐性约定是，除非当事人明确表示同意，平台不得将这些数据出售给第三方。

二、平衡利弊

当人们更愿意分享个人数据时，数字经济就会成为一种更有用的基础设施。个人信息是数据驱动型创新的关键因素，而数据驱动型创新可以带来（培育新产品、新工艺的）新知识和（为消费者创造附加值的）新市场（经济合作与发展组织，2015）。另外，数据的使用会在规模和范围上产生报酬递增效应（规模越大，范围越广，平均收益越高），这是数据驱动型生产率提升的源泉。

然而，隐私问题可能会带来严重的负面影响。如果隐私没有得到适当保护，那么当事人很容易面临巨大危险和伤害，机构做出的数据驱动型决策可能导致歧视，对个人造成财务上和心理上的伤害。不幸的是，个人数据大规模泄露的事件越发频繁。

隐私保护并不是一个简单的二元选择问题，人们必须在不同的情况下做出不同的取舍。隐私保护不应该以公共安全和政治经济稳定为代价。但的确存在一些灰色地带，很难判断某些因素是不是比其他因素更重要。隐私与人的尊严和幸福有关，这使得相关考虑比任何此类著作的论述都要复杂得多。

三、应对意料之外的挑战

政策制定者需要在个人隐私保护和个人数据共享所带来的经济利益之间达成某种平衡。信息技术公司和监管机构达成这种平衡的能力必须值得信任。高度的隐私保护更侧重于感知到的个人隐私需求，而有限的隐私保护更侧重于对商业效率和安全保障的考量（韦斯廷，2004）。不同的国家有不同的立场，这取决于收入和文化等诸多因素。如果想让数字技术充分发挥普惠性增长的潜力，就必须根据各国的具体情况，在隐私保护和经济发展之间达成平衡（世界经济论坛，2014）。

隐私保护面临的挑战类似于商业领域面临的挑战，即信息不对称和执行机制不健全会破坏信任并抑制交易。很少有人清楚他人、机构或政府掌握了自己的哪些信息，以及那些信息会被如何使用、会造成什么后果。这导致了隐私悖论（巴恩斯，2006；阿西等，

2017），即人们总是声称非常关注自己的隐私，但他们在网上的行为却往往忽略了隐私风险。阿奎斯蒂（2014）根据社会学和行为科学对隐私的研究结果，归纳出了以下三个主题：人们并不清楚隐私被侵犯的后果；人们对隐私的关注程度取决于环境；人们对隐私的关注程度容易被商业和政府利益所操控。

　　数字技术虽然可能导致个人隐私被侵犯，但也可能成为解决方案的一部分。关键是要使技术工具在各个环节遵循以用户为导向的数据保护原则。如图 6.8 所示，在收集数据之前，应获得实际受益的数据拥有者的明确授权。在数据被首次存储但尚未被任何人访问之前，需要对其进行脱敏和加密。数据只应该在获得授权的情况下被使用。用户应该有权要求删除其个人数据。除了这些技术和法律保护外，数字平台的建设者还必须建立良好的信誉和形象，让用户相信这些平台收集的个人信息是安全的，在没有获得当事人明确授权之前，平台不会分享或出售个人信息。

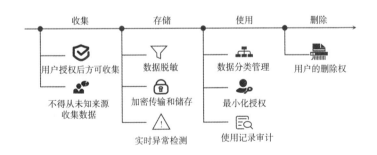

图 6.8　隐私保护的机制设计

资料来源：罗汉堂。

新技术使隐私权得到了更好的保护。以安全多方计算为例。在进行协同计算时，这项技术不需要任何参与方提供可被其他参与方追溯的原始数据，就能达到融合多方数据的目的（见图6.9）。安全多方计算既能使用户受益于数据共享，也能让用户避免数据被窃取的风险。

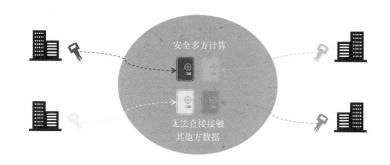

图6.9　安全多方计算

资料来源：罗汉堂。

技术与不平等

一、定义问题

自第一次工业革命以来，技术与不平等的关系始终是一个重要话题。尽管经济学家不再用"精神蒸汽机"或"智能机器"这样的词语来讨论新技术对劳动力市场的影响（史密斯，1835），但目前人们对新技术的担忧与200年前如出一辙。近年来，随着各国国内收入不平等的加剧和技术的快速发展，技术与不平等的关系再度成为关注焦点。

二、探寻证据

众所周知，自工业时代开始以来，技术使数亿乃至数十亿人摆脱了贫困。工资大幅上涨，工作条件也得到了极大改善，无数机遇应运而生，几乎所有人都可以享受到技术带来的各种好处。谁受益和受益多少的问题是我们接下来要探讨的内容，也是许多经济学研究和辩论的主题。从经济角度来说，这不是唯一的或最重要的问题，但对那些想要确保每个人都能得到公平对待的政策制定者来说十分重要。

是什么导致了各种各样的不平等？技术在其中扮演了怎样的角色？这些问题很难回答。我们先来看几个有关结果不平等的典型事实。这不应与有关机会均等的事实相混淆，后者涉及一系列完全不同的问题，超出了本书的讨论范围。

首先，财富不平等比收入不平等更加严重。2014 年，美国最富裕的 10% 的家庭拥有 72% 的财富，而最贫困的 50% 的家庭拥有不到 0.5% 的财富。相比之下，同期美国最富裕的 10% 的家庭获得了 47% 的收入，而最贫困的 50% 的家庭仅获得了 13% 的收入。2015 年，中国最富裕的 10% 的家庭拥有 67% 的财富，而最贫困的 50% 的家庭只拥有 6% 的财富。最富裕的 10% 的家庭获得了 67% 的收入，最贫困的 50% 的家庭获得了 13% 的收入（见图 6.10）。皮凯蒂（2015）强调，发达国家的财富分配一直都比收入分配更加不平等。

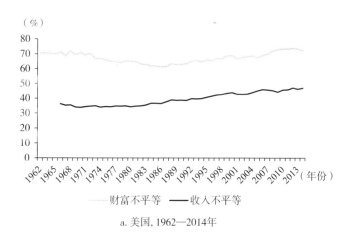

a. 美国, 1962—2014年

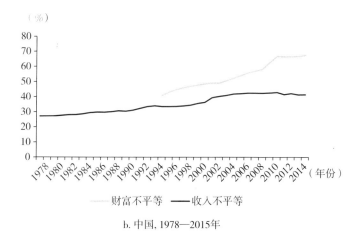

b. 中国, 1978—2015年

图 6.10　美国和中国的财富和收入分配

注：灰色曲线是前 10% 家庭财富在所有家庭财富中的占比。黑色曲线是 10% 家庭收入在所有家庭收入中的占比。

资料来源：世界财富与收入数据库，罗汉堂。

几十年来，不管是发达国家还是发展中国家，财富收入比普遍有所上升，表这明财富不平等问题变得更严重了。

其次，邦尼特等人（2014）和龙利恩（2015）指出，与财富不平等加剧密切相关的是房价上涨。1970—2015 年，除了美国和日本外，所有发达国家的家庭资本收入比大幅上升，这在很大程度上是由住房财富收入比上升所导致的（见表 6.2）。

表 6.2　1970—2015 年资本和国民收入比率的变化

	国内资本和国民收入比持续增长（％）			贡献度（％）	
	房屋	其他国内资本	国内资本	房屋	其他国内资本
美国	48	113	161	30	70
日本	64	90	154	42	58
德国	108	−41	67	161	−61
法国	290	−57	233	124	−24
英国	290	50	340	85	15
意大利	331	43	374	89	11
加拿大	190	47	237	80	20
澳大利亚	227	59	286	79	21

资料来源：2018 年世界贫富不平均报告，罗汉堂。

财富不平等的加剧在多大程度上可以归因于技术进步？这很难说。有观点认为，房屋所有权不平等加剧的一个原因是，建筑业的生产率增长相对有限，从而导致建房成本上升（博里和赖希林，2015）。与技术进步直接相关的可能是其对工资和收入分配的影响。技能偏向型技术进步常常被视为不平等加剧的另一个原因。过去 30 年间的一系列研究表明，劳动力市场工资不平等的问题日益严重，于是技术进步被当成了一种可能的解释。这种解释被称为技能偏向性技术进步假设，即认为新技术的突飞猛进导致了对高技能人才的需求上升，进而导致了收入不平等加剧。

然而，上述假设仍然缺乏明确的实证证据。克鲁格（1993）指出，在将标准的劳动者属性作为控制变量后可以发现，在工作中使用电脑的劳动者的收入比不使用电脑的劳动者高 15%~20%。许多人将这一发现作为直接证据，用来证明技术在很大程度上导致工资结构发生了重大变化。不过，迪纳多和皮施克（1997）发现，使用电脑、电话、钢笔或铅笔之类的书写工具以及伏案工作等所谓"白领"的习惯，与使用电脑的习惯几乎一样重要。这些结果表明，使用电脑的人可能拥有某些未被注意到的技能，这些技能可能与电脑没什么关系，但能够被劳动市场所认可并带来高回报，而电脑不过是率先被引入了这些领域而已。

卡德和迪纳多（2002）发现，技能偏向型技术进步假设不足以解释 20 世纪八九十年代美国工资结构的变化。不仅如此，他们还发现该假设在工资结构的几乎所有方面都难以自圆其说。在 20 世纪 90 年代，尽管电脑技术在不断发展，但工资不平等状况却趋于稳定。该假设也无法解释性别之间工资差距的缩小、种族之间工资差距的稳定以及与教育相关的年轻劳动者和上年纪劳动者工资差距的急剧扩大。

新技术永远无法为劳动力市场中的所有技能带来同等的好处。新技术引起的震荡对一些技能有利，对另一些技能不利，这取决于技能与高效使用新技术所需条件之间的互补性和可替代性：互补性越高，新技术对技能越有利；可替代性越高，新技术对技能越不利。研究表明，二战后，对高技能劳动者的需求不断增长，这导致许多发达国家的大学毕业生工资上升（戈尔丁和卡茨，2008）。最近，信息和通信技术与相关技术的采用使得对不同技能的需求出现了新变化。对中级技能需求的下降使得拥有这些技能的劳动者的工资和就业水平遭受了重创（澳特尔等，2006和2008）。同时，教育系统的调整速度跟不上技能需求的变化速度，也推动了工资两极分化。

三、应对意料之外的挑战

社会流动性、生活水平的提高和中产阶级的壮大对每个社会的福祉都至关重要。因此，各国不平等现象的加剧令人担忧。但现在并不清楚技术是不是导致不平等的主要原因。人们过于相信主观臆断，而不是去仔细审视事实。除了我们收集的上述证据外，世界银行（2018）的研究也表明，2007—2015 年，在 41 个经济体中，有 37 个经济体以基尼系数衡量的不平等程度实际上有所下降或者保持不变。

我们认为，通过为多数人提供机会，而不只是为少数才华横溢的创新者和企业家提供机会，数字技术为更具普惠性的繁荣开辟了一系列新的可能途径。由于技能门槛低，数字技术为那些曾经无法获得新技术红利的人打开了新的大门。数字技术将一个国家内的广大地区乃至全世界的不同地区连在了一起。通过连接邻近地区和一个国家内部的企业和消费者，本地经济产生了巨大的溢出效应，将贫困和富裕地区的经济融合在了一起。

数字技术已然成为社会经济快速发展的必要组成部分。因此，数字技术是否和如何影响各领域的不平等状况应该被视为机遇而非风险。美联储前主席伯南克指出，政策目标应该是尽力提高生产率，创造经济上的机会均等，而不是在特定行业或地区盲目追求结果平等。

结　语

本书主要以中国近些年的经济发展为背景，分析数字技术如何为普惠性增长做出了重大贡献。新兴的数字平台和数字生态系统冲破了重重障碍，进入了过去效率低下的领域，跨越了种种界限，从根本上改变了市场体系中的参数和关系，实现了"创造性建设"。基于这些证据，我们认为，中国经验提供了全球性解决方案，尤其是在普惠性增长最为欠缺的地区。

本书的要点如下。

第一，对数字技术的很多分析都聚焦于该技术可能带来的破坏性影响和风险，但数字技术也为普惠性增长做出了不可估量的贡献，在微观层面和宏观层面皆是如此。数字技术以前所未有的方式服务并赋能社会和经济弱势群体（部分女性、穷人和残障人士）。数字技术及其"传染性"的传播甚至推动了中国最偏远、最落后地区的发展。数百年来，这些地区的人与世隔绝，过着自给自足的生活，而现在，他们终于有机会享受贸易带来的好处，能在更广阔的市场上选购产品，这缩小了他们在市场准入方面与中国发达地区之间的差距。但想要在中国乃至世界各地都做到这种程度，还需要付出更多的努力。

第二，数字技术的成功归功于其独特能力——能够突破传统市场中历来令人望而生畏的信息壁垒。数字市场的独特性（技能门槛低、建设必要基础设施的成本低和网络效应强），特别适合解决匹配、合同执行以及建立和维护和买卖双方之间的信任方面的问题。就提升数字技术的渗透率而言，降低技能门槛的重要性不亚于提高技能水平。数字技术实现了可及性和可负担性的巨大飞跃。数字平台提高了市场效率，吸引了更多参与者，提供了更丰富多样的产品，在重塑生产模式和创建一体化数字生态系统方面发挥了重要作用，这些生态系统有助于促进创新，催生全新的协作方式。可以说，数字技术就是为普惠性增长而发明的。

第三，移动互联网、可负担的宽带接入等基础设施和有利的监管环境至关重要。弱势群体和欠发达地区一旦可以参与到现代数字经济中，就会在技能、培训和基础设施建设之间形成强有力和可持续的正反馈循环。当然，这不会自动发生。想要成功培育和发展数字经济或其他经济，有一些因素不可或缺，如加强公共部门和私营部门的有效合作、促进市场一体化、充分发挥数字平台的力量。

第四，在这一充满变数的过程中，必须认真对待意料之外的挑战，比如，数字技术可能对就业、竞争、数据隐私和不平等造成短期的负面影响。在解决这些复杂问题时，首先要分清事实与臆断。数字技术的最大受益者是话语权微弱的社会边缘群体和偏远地区，这意味着需要对数字技术的影响进行全面评估。在所有利益相关者之间形成共识并制定解决过渡性问题的具体政策，将大大有助于获得支持，推广数字技术，释放其促进普惠性增长的潜力。

　　如今，新兴经济体正在同时经历多种技术革命，不仅仅是数字革命，还有工业、交通和电气革命。为了完成这几项革命，发达经济体用了几十年甚至几百年时间。这意味着新兴经济体可能走上与发达经济体大为不同的数字化道路（格申克龙，1962）。以前，新兴经济体的很多零售和金融服务都是由地方性小企业和非正规部门提供的。如今，在数字技术和电子商务平台的帮助下，中小微企业大量涌现，即使客户远在数千公里之外，也能享受到这些企业提供的优质服务。

　　展望未来，数字革命的长期经济影响以及社会、文化和政治影响将更加显著，因为数字技术带来了完全不同的成功道路和发展机遇，人类社会刚刚开始对此做出反应。与此同时，数字革命还远未完成。以人工智能和区块链等技术为代表的新一波数字技术浪潮正在成为日常工作和生活中不可或缺的一部分。以遗传学、可再生能源和量子计算为代表的另一波技术浪潮即将到来。我们如果能把握好这些机遇，就可以实现更具普惠性的增长，从而为通过使用数字技术来促进下一代的繁荣和普惠性增长提供额外的动力。

数字技术彼此互补，并以全新的方式重塑了关键市场。数字技术的独特性大大缓解了采用滞后，加快了渗透速度，带来了更多机遇，促进了经济的快速发展和普惠性增长。数字技术似乎是专门为全球穷人量身定制的，他们将为世界提供越来越多的人力资本和创造越来越多的消费需求。

但我们还需要更加努力，才能充分发挥数字技术的潜力。我们越了解数字技术带来的各种可能性和利弊，就越能更好地实施各种战略，通过数字技术促进普惠性增长。这样一来，我们就可以将"创造性破坏"变成"创造性建设"。如果我们能很好地应对相关挑战（通过设定恰当的风险和回报水平），那么数字革命将不同于以往的经济革命，不仅可以避免重蹈"大分流"的覆辙，还能形成"大融合"的局面，通过"创造性建设"造福所有人。

参考文献

Acemoglu, D., Antràs, P., and Helpman, E. (2007). Contracts and technology adoption. *American Economic Review*, 97(3), 916–943.

Acemoglu, D., and Restrepo, P. (2017). Robots and jobs: Evidence from US labor markets. *NBER Working Paper* No. 23285.

Acemoglu, D., and Restrepo, P. 2018. The race between man and machine: Implications of technology for growth, factor shares, and employment. *American Economic Review*, 108(6), 1488–1542.

Acharya, V. V., Eisert, T., Eufinger, C., and Hirsch, C. W. (2019). Whatever it takes: The real effects of unconventional monetary policy. *The Review of Financial Studies*.

Acquisti, A. (2014). The economics and behavioral economics of privacy. *Privacy, big data, and the public good: Frameworks for engagement*, 1, 76–95.

Akamatsu, K. (1962). A Historical Pattern of Economic Growth in Developing Countries. *The Developing Economies*, 1, 3–25.

Alibaba Group. (2017). *Intellectual property protection annual report.*<http://azcms31.alizila.com/wp-content/uploads/2018/05/Alibaba-Group-PG-Annual-Report-2017-FINAL_sm_final.pdf>.

Alvaredo, F., Chancel, L., Piketty, T., Saez, E., and Zucman, G. (Eds.). (2018). *World inequality report 2018*. Belknap Press of Harvard University Press.

Analysys. (2018). *Quarterly monitoring reports on China's third party mobile payment market.*

Anderson, E., and Schmittlein, D. C. (1984). Integration of the sales force: an empirical examination. *RAND Journal of Economics*, 15(3), 385–395.

Antràs, P. (2005). Incomplete contracts and the product cycle. *American Economic Review*, 95(4), 1054–1073.

Aral, S. K., Bakos, Y., and Brynjolfsson. E. (2018). Information technology, repeated contracts, and the number of suppliers. *Management Science*, 64(2), 592–612.

Arestis, P., and Demetriades, P. (1997). Financial development and economic growth: assessing the evidence. *The Economic Journal*, 107(442), 783–799.

Armstrong, M. (2006). Competition in two-sided markets. *The RAND Journal of Economics*, 37(3), 668–691.

Arrow, K. J. (1962). The economic implications of learning by doing. *The Review of Economic Studies*, 29(3), 155–173.

Asian Development Bank. (2018). *Asian Development Outlook (ADO) 2018: How Technology Affects Jobs*.

Asian Development Bank and International Labor Organization. (2011). *The Women and Labor Markets in Asia Report: Rebalancing for Gender Equality*.

Athey, S., Catalini, C., and Tucker, C. E. (2017). The digital privacy paradox: Small money, small costs, small talk. *NBER Working Paper* No. 23488.

Augsburg, B., De Haas, R., Harmgart, H., and Meghir, C. (2015). The impacts of microcredit: Evidence from Bosnia and Herzegovina. *American Economic Journal: Applied Economics*, 7(1), 183–203.

Autor, D. H., Katz, L. F., and Kearney, M. S. (2006). The polarization of the U.S. labor market. *American Economic Review*, 96(2), 189–194.

Autor, D. H., Katz, L. F., and Kearney, M. S. (2008). Trends in U.S. wage inequality: Revising the revisionists. *The Review of Economics and Statistics*, 90(2), 300–323.

Baldwin, R. E. (2016). *The Great Convergence: Information Technology and the New Globalization*. The Belknap Press of Harvard University Press.

Banerjee, A. V., and Duflo, E. (2000). Reputation effects and the limits of con-tracting: A study of the Indian software industry. *The Quarterly Journal of Economics*, 115(3), 989–1017.

Banerjee, A. V., Duflo, E., Imbert, C., Mathew, S., and Pandek, R. (2016). E-gov-ernance, accountability, and leakage in public programs: Experimental evi-dence from a financial management reform in India. *NBER Working Paper* No. 22803.

Barnes, S. B. (2006). A privacy paradox: Social Networking in the United States. *First Monday*, 11(9).

Barr, N., and Diamond, P. (2010). *Pension reform in China: Issues, options and recommendations*. China Economic Research and Advisory Programme.

Baumol, W. J. (1982). Contestable markets: An uprising in the theory of industry structure. *American Economic Review*, 72(1), 1–15.

Beck, T., and Demirgüç-Kunt, A. (2006). Small and medium-size enterpris-es: Access to finance as a growth constraint. *Journal of Banking and Fi-nance*, 30(11), 2931–2943.

Beveridge, W. (1944). *Full Employment in a Free Society*. London: Allen & Un-win.

Bloom, H. (2000). *Global Brain: The Evolution of Mass Mind from the Big Bang to the 21st Century*. John Wiley & Sons, Inc.

Böhm-Bawerk, E. (1888). *The Positive Theory of Capital*. London: Macmillan and Co. Bolt, J., Inklaar, R., de Jong, H., and van Zanden, J. L. 2018. Rebas-ing 'Maddison': new income comparisons and the shape of long-run economic development. *GGDC Research Memorandum*, 174.

Bonnet, O., and Bono, P. (2014). Does housing capital contribute to inequality? A comment on Thomas Piketty's Capital in the 21st Century. *Sciences Po Eco-nomics Discussion Papers*, 7, 12.

Borri, N., and Reichlin, P. (2015). The housing cost disease. *CEPR Discussion Paper* No.10756.

Brynjolfsson, E., Hui, X., and Liu, M. (2018). Does machine translation affect international trade? Evidence from a large digital platform. *NBER Working Paper* No. 24917.

Brynjolfsson, E., and McAfee, A. (2014). *The Second Machine Age: Work, Progress, and Prosperity in a Time of Brilliant Technologies*. W. W. Norton & Company.

Brynjolfsson, E., and McElheran K. (2016). The rapid adoption of data-driven decision-making. *American Economic Review*, 106(5), 133-39.

Buera, F., Kaboski, J., and Shin, Y. (2016). Taking stock of the evidence on micro-financial interventions. *NBER Working Paper* No.22674.

Caballero, R. J., Hoshi, T. and Kashyap, A. K. (2008). Zombie lending and depressed restructuring in Japan. *American Economic Review*, 98(5), 1943-77.

Card, D., and DiNardo, J. E. (2002). Skill-based technological change and rising wage inequality: Some problems and puzzles. *Journal of Labor Economics,* 20(4), 733-783.

Cavallo, A. (2017). Are online and offline prices similar? Evidence from large multi-channel retailers. *American Economic Review,* 107(1), 283–303.

Cavallo, A. (2018). More Amazon effects: Online competition and pricing behaviors. *NBER Working Paper* No.25138.

Centre for International Governance Innovation and Ipsos. (2018). *CIGI-Ipsos Global Survey on Internet Security and Trust.* <https://www.cigionline.org/internet-survey-2018>

Chaney, T. (2014). The network structure of international trade. *American Economic Review,* 104(11), 3600–3634.

Chandy, L., Hosono, A., Kharas, H., and Linn, J. (Eds.). (2013). *Getting to Scale: How to Bring Development Solutions to Millions of Poor People*. Brookings Institution Press.

Chen, T., Huang, Y., Chen, L., Sheng, Z. (2018). Finance and firm volatility: Evidence from Alibaba FinTech credit in China. *Working Paper*.

Cheru, F. (2002). *African renaissance: Roadmaps to the challenge of globaliza-tion*. New Africa Books.

Chiacchio, F., Petropoulos, G., and Pichler, D. (2018). The impact of industrial robots on EU employment and wages: A local labor market approach. *Bruegel Working Paper*.

China Ministry of Ecology and Environment. (2015). *Report on the State of the Environment in China*. <http://english.mee.gov.cn/Resources/Reports/soe/Report/201706/P020170614504782926467.pdf>.

Chu, T. (2017). An assessment of Africa's growth potential from the perspective of economic complexity. *IFC Working Note*.

Coase, R. H. (1937). The nature of the firm. *Economica*, 4(16), 386–405.

Comin, D., and Mestieri Ferrer, M. (2014). Technology diffusion: Measurement, causes and consequences. *Handbook of Economic Growth*, 2, 565–622.

Comin, D., and Mestieri Ferrer, M. (2018). If technology has arrived everywhere, why has income diverged? *American Economic Journal: Macroeconomics*, 10 (3), 137-78.

Crepon, B., Devoto, F., Esther D., and Pariente, W. (2015). Estimating the impact of microcredit on those who take it up: Evidence from a randomized exper-iment in Morocco. *American Economic Journal: Applied Economics*, 7(1), 123–150.

Dauth, W., Findeisen, S., and Suedekum, J. (2017). Trade and manufacturing jobs in Germany. *American Economic Review*, 107(5), 337-42.

De Janvry, A., McIntosh, C., and Sadoulet, E. (2010). The supply-and de-mand-side impacts of credit market information. *Journal of Development Eco-nomics*, 93(2), 173-188.

Demetriades, Panicos., and Hussein, Khaled A. (1996). Does financial develop-ment cause economic growth? Time-series evidence from 16 countries. *Jour-nal of Development Economics*, 51(2), 387–411.

Demirgüç-Kunt, A., Klapper, L., Singer, D., Ansar, S., and Hess, J. (2018).

Global Findex Database 2017: Measuring Financial Inclusion and the Fintech Revolution. World Bank. <https://openknowledge.worldbank.org/handle/10986/29510>.

Demsetz, H. (1968). Why regulate utilities?. *The Journal of Law and Economics*, 11(1), 55–65.

Diamond, D. W. (1984). Financial intermediation and delegated monitoring. *The Review of Economics Studies*, 51(3), 393–414.

Diamond, P. A. (2010). Unemployment, vacancies, wages. *Nobel Prize in Economics documents 2010-7, Nobel Prize Committee.*

DiNardo, J. E., and Pischke, J.S. (1997). The returns to computer use revisited: Have pencils changed the wage structure too? *The Quarterly Journal of Economics*, 112(1), 291–303.

De Soto, H. (2000). *The Mystery of Capital: Why Capitalism Triumphs in the West and Fails Everywhere Else*. Basic Civitas Books.

Dewatripont, M., Jewitt, I., and Tirole, J. (1999). The economics of career concerns, part I: Comparing information structures. *The Review of Economic Studies*, 66(1), 183–198.

Dobbs, R., Chen, Y., Orr, G., Manyika, J., Chui, M., Chang, E. (2013). *China's E-tail Revolution: Online Shopping as a Catalyst for Growth*. McKinsey Global Institute.

Einav, L., Jenkins, M., and Levin, J. (2013). The impact of credit scoring on consumer lending. *The RAND Journal of Economics,* 44(2), 249–274.

Ellison, G., Ellison, S. F., Liu, D., Zhang, H., and Bhattacharya, V. (2014). *Match Quality, Search, and the Internet Market for Used Books*. Massachusetts Institute of Technology./

Erisman, P. (2017). *Six Billion Shoppers: The Companies Winning the Global E-Commerce Boom*. St. Martin's Press.

Euromonitor. (2018). *Market Research Provider.* <www.euromonitor.com>.

European Commission. (2015). *A Digital Single Market Strategy for Europe.*

European Commission. (2017). *The Competitive Landscape of Online Platforms.* <https://ec.europa.eu/jrc/sites/jrcsh/files/jrc106299.pdf>.

European Union. (2016). *The General Data Protection Regulation.*

Eurostat. (2017). *Labor Force Survey.*

Fan, J., Tang, L., Zhu, W., and Zou, B. (2018). The Alibaba effect: Spatial consumption inequality and the welfare gains from e-commerce. *Journal of International Economics*, 114(C), 203–220.

Federico, G., and Tena-Junguito, A. (2017). A tale of two globalizations: Gains from trade and openness 1800-2010. *Review of World Economics*, 153(3), 601–626.

Ferguson, N. (2009). *The Ascent of Money: A Financial History of the World.* The Penguin Press HC.

Ferracane, M. F., Kren, J. and Marel, E. (2018). Do data policy restrictions impact the productivity performance of firms and industries? *ECIPE DTE Working Paper* No. RSCAS, 28.

Ferracane, M. F., and Marel, E. (2018). Do data flows restrictions inhibit trade in services? *ECIPE DTE Working Paper.*

Fouquin, M., and Hugot, J. (2016). *Two centuries of bilateral trade and gravity data: 1827–2014.* CEPII research center.

Frame, W. S., Srinivasan, A., and Woosley, L. (2001). The effect of credit scoring on small-business lending. *Journal of Money, Credit and Banking*, 33(3), 813–825.

Frey, B. C., and Osborne, M. (2013). The future of employment: How susceptible are jobs to computerization? *Technological Forecasting and Social Change*, 114, 254–280.

Friedman, B. M. (2005). *The Moral Consequences of Economic Growth.* New York: Alfred A. Knopf.

Gentzkow, M., and Shapiro J. M. (2011). Ideological segregation online and offline. *Quarterly Journal of Economics*, 126(4), 1799–1839.

Gerschenkron, A. (1962). *Economic Backwardness in Historical Perspective: A Book of Essays*. Belknap Press of Harvard University Press.

Giné, X., Goldberg, J., and Yang, D. (2012). Credit market consequences of improved personal identification: Field experimental evidence from Malawi. *American Economic Review*, 102(6), 2923-54.

Goldfarb, A., and Tucker, C. (2011). Privacy regulation and online advertising. *Management Science*, 57(1), 57–71.

Goldin, C. D., and Katz, L. F. (2008). *The Race between Education and Technology*. Belknap Press of Harvard University Press.

Graetz, G., and Michaels, G. (2018). Robots at work. *Review of Economics and Statistics*, 100(5), 753–768.

Greif, A. (2006). *Institutions and the Path to the Modern Economy: Lessons from Medieval Trade*. Cambridge University Press.

Grodzicki, D. (2012). The Evolution of Competition in the Credit Card Market. *Working Paper*.

Grossman, G., and Helpman, E. (1991). *Innovation and Growth in the Global Economy*. MIT Press.

Harari, Y. N. (2018). *21 Lessons for the 21ˢᵗ Century*. Random House

Hau, H., Huang, Y., Shan, H., and Sheng, Z. (2018). TechFin credit and entrepreneurial growth. *Working Paper*.

Hausman, J., and Leibtag, E. (2007). Consumer benefits from increased competition in shopping outlets: Measuring the effect of WalMart. *Journal of Applied Econometrics*, 22(7), 1157–1177.

Hausmann, R., Hidalgo, C. A., Bustos, S., Coscia, M., Simoes, A., and Yildirim, M.A. (2014). *The atlas of economic complexity: Mapping paths to prosperity*. MIT Press.

Hayek, F. (1945). The use of knowledge in society. *The American Economic Review*. 35 (4), 519–530.

Head, K., and Mayer, T. (2013). What separates us? Sources of resistance to globalization. *Canadian Journal of Economics*, 46(4), 1196–1231.

Hellebrandt, T., and Mauro, P. (2015). The future of worldwide income distribu-

tion. *Peterson Institute for International Economics Working Paper* No.15-7.

Hicks, J. R. (1932). *The Theory of Wages*. London: Macmillan.

Hidalgo, C. (2015). *Why Information Grows: The Evolution of Order, from Atoms to Economies*. Basic Books.

Hirshleifer, J. (1975). Speculation and equilibrium: Information, risk, and mar-

kets. *The Quarterly Journal of Economics*, 89(4), 519–542.

Hjort, J., and Poulsen, J. (2019). The arrival of fast internet and employment in

Africa. *American Economic Review*, 109(3), 1032-79.

Hobbes, T. (2012). *Leviathan*. Oxford University Press.

Holmström, B. (1979). Moral hazard and observability. *The Bell Journal of Eco-

nomics*. 10(1), 74–91.

Holmström, B. (1999). Managerial incentive problems: a dynamic perspective.

The Review of Economic Studies, 66(1) 169–182.

Holmström, B. (2018). Keynote speech at TSE.

Hootsuite. (2018). *Digital in 2018: Essential Insights into Internet, Social Media,

Mobile, and Ecommerce Use around the World*.

Hortaçsu, A., Martínez-Jerez, F., and Douglas, J. (2009). The geography of trade

in online transactions: Evidence from eBay and mercadolibre. *American Eco-

nomic Journal: Microeconomics*, 1(1), 53–74.

Hutt, W. H. (1939). *The Theory of Idle Resources*. London: Jonathan Cape.

Huxley, A. (1932). *Brave New World*.

International Finance Corporation. (2011). *Strengthening Access to Finance for

Women-Owned SMEs in Developing Countries*.

International Finance Corporation. (2016). *Energy Storage: Business Solutions

for Emerging Markets*.

International Finance Corporation. (2017a). *MSME finance gap: Assessment of

the shortfalls and opportunities in financing micro, small and medium enter-

prises in emerging markets. <https://www.smefinanceforum.org/data-sites/msme-finance-gap>.

International Finance Corporation. (2017b). *Mobile Financial Services in Microfinance Institutions: Musoni in Kenya.* <https://www.ifc.org/wps/wcm/connect/697b590047c346969662f7299ede9589/Tool+11.5+Mobil+Finan+Serv+Musoni+in+Kenya+2-3-15.pdf?MOD=AJPERES>.

International Monetary Fund. (2017a). *Digital Revolutions in Public Finance.*

International Monetary Fund. (2017b). *Fostering Inclusive Growth.* G-20 Leaders' Summit.

International Monetary Fund. (2017c). *World Economic Outlook (WEO) Database.*

Institute of Digital Finance. (2017). *Digital Inclusive Finance Index Report (2011-2015).* <http://img.bimba.pku.edu.cn/resources/file/15/2017/06/13/2017061316358398.pdf>.

Institute of Digital Finance. (Forthcoming). *Digital Inclusive Finance Index Report (2011–2017).*

Isard, W. (1954). Location theory and trade theory: Short-run analysis. *Quarterly Journal of Economics.* 68(2), 305–322.

Jack, W., and Suri, T. (2014). Risk sharing and transactions costs: Evidence from Kenya's mobile money revolution. *American Economic Review*, 104(1), 183–223.

Jaffee, D., and Russell, T. (1976). Imperfect information, uncertainty, and credit rationing. *Quarterly Journal of Economics*, 90(4), 651–666.

Jiguang. (2018a). *Summary of 2017 Mobile Shopping App Industry.*

Jiguang. (2018b). *Summary of 2018 Mobile App Industry.*

Jones, E. (2003). *The European Miracle: Environments, Economies and Geopolitics in the History of Europe and Asia.* Cambridge University Press.

Joseph, M. (2017). *M-Pesa: The story of how the world's leading mobile money service was created in Kenya.* <https://www.vodafone.com/content/index/what/technology-blog/m-pesa-created.html#>.

Kanbur, R., and Venables, A. J. (2005). *Spatial inequality and development.* OUP Oxford.

Kaplinsky, R. (2018). Fostering inclusive innovation for sustainable development. *Pathways for Prosperity Commission Background Paper Series* No. 9.

Karlan, D., Kendall, J., Mann, R., Pande, R., Suri, T., and Zinman, J. (2016). Research and impacts of digital financial services. *NBER Working Paper* No. 22633.

Katz, L. F., and Krueger, A. B. (2019). The Rise and Nature of Alternative Work Arrangements in the United States, 1995-2015. *ILR Review*, 72(2), 382–416.

Katz, L., Poo, A. J. and Waxman, E., (2018). Imagining a Future of Work That Fosters Mobility for All. *Washington, DC: US Partnership on Mobility from Poverty*.

Kenton, W. (2017). *Walmart Effect*. <https://www.investopedia.com/terms/w/walmart-effect.asp>.

Keynes, J. M. (1936). *The General Theory of Employment, Interest and Money.* London: Macmillan.

Keynes, J. M. (1963). *Essays in Persuasion.* New York: W. W. Norton & Co.

Khanna, P. (2016). *Connectography: Mapping the Future of Global Civilization.* Penguin Random House.

Kim, W. C., and Mauborgne, R. A. (2014). *Blue ocean strategy, expanded edition: How to create uncontested market space and make the competition irrelevant.* Harvard Business Review Press.

King, R. G., and Levine, R. (1993). Finance and growth: Schumpeter might be right. *The Quarterly Journal of Economics*, 108(3), 717–737.

Knoedelseder, W. (2018). *Fins: Harley Earl, the Rise of General Motors, and the Glory Days of Detroit.* HarperBusiness Press

Krueger, A. B. (1993). How computers have changed the wage structure: evidence from microdata, 1984-1989. *The Quarterly Journal of Economics*, 108(1), 33–60.

Kuhn, P., and Mansour, H. (2014). Is internet job search still ineffective? *Economic Journal*, 124(581), 1213–1233.

Kuzmina, A. (2018). *Kenya Case Study Part I: M-PESA story.* <https://medium. com/what-the-money/kenya-case-study-part-i-m-pesa-story-fb243fd56865>.

Kuznets, S. (1955). Economic growth and income inequality. *The American Economic Review*, 45(1), 1–28.

Lee, D., and Teo, G. S. (2015). Emergence of FinTech and the LASIC principles. *Journal of Financial Perspectives*, 3(3), 1–26.

Lendle, A., Olarreaga, M., Schropp, S., and Vézina, P. L. (2016). There goes gravity: eBay and the death of distance. *The Economic Journal*, 126(591), 406–441.

Lewis, A.(2019). *What can Nigeria learn from China's digital economy?* <https:// www.accion.org/what-can-nigeria-learn-from-chinas-digital-economy>.

Li, A. 2015. *Case Study on Dongfeng Village and Shaji Town.* BURB. <https:// burb.tv/view/Entry:1640>.

Lunden, I. (2018). Amazon's share of the US e-Commerce market is now 49%, or 5% of all retail spending. *Bay Area, CA: TechCrunch*, 1–10.

Macaulay, S. (1963). Non-contractual relations in business. A preliminary study. *American Sociological Review*, 28(1), 55–67.

Macchiavello, R. (2010). Development uncorked: Reputation acquisition in the new market for Chilean wines in the UK. *CEPR Discussion Paper* No. DP7698.

Macchiavello, R., and Morjaria, A. (2015). The value of relationships: evidence from a supply shock to Kenyan rose exports. *American Economic Review*, 105(9), 2911–45.

MacLeod, W. B. (2007). Reputations, relationships, and contract enforcement. *Journal of Economic Literature*, 45(3), 595–628.

MacLeod, W. B., and Malcomson, J. M. (1989). Implicit contracts, incentive compatibility, and involuntary unemployment. *Econometrica: Journal of the Econometric Society*, 447–480.

Maddison, A. (2004). Contours of the world economy and the art of macro-measurement. 1500–2001. *Ruggles Lecture*.

Mandel, M. (2017). *How Ecommerce Creates Jobs and Reduces Income Inequality*.

Marx, K. (1894). *Das Kapital: Kritik der politischen Okonomie*. Hamburg: Verlag von Otto Meissner.

Matheson, R. (2016). *Study: Mobile-money services lift Kenyans out of poverty*. < http://news.mit.edu/2016/mobile-money-kenyans-out-poverty-1208>.

McCall, J. J. (1970). Economics of information and job search. *The Quarterly Journal of Economics*, 84(1), 113–126.

McKinnon, R. I. (1973). *Money and capital in economic development*. Brookings Institution Press.

Meeker, M. (2018). *Internet Trends Report*. <https://www.kleinerperkins.com/perspectives/internet-trends-report-2018/>.

Mokyr, J., Vickers, C., and Ziebarth, N. L. (2015). The history of technological anxiety and the future of economic growth: Is this time different? *Journal of Economic Perspectives*, 29(3), 31–50.

Moretti, E. (2012). *The New Geography of Jobs*. Houghton Mifflin Harcourt.

Morris, I. (2013). *The Measure of Civilization: How Social Development Decides the Fate of Nations*. Princeton University Press.

Mortensen, D. T. (2010). Markets with search frictions and the DMP model. *Nobel Prize in Economics documents 2010-8, Nobel Prize Committee*.

National Bureau of Statistics of China. (2017). *National Bureau of Statistics Database*. <http://www.stats.gov.cn/english/>.

New York Times. (2001). *Cross China New Economy Folds into Old*. <https://www.nytimes.com/2001/07/06/business/across-china-new-economy-folds-

into-old.html>

North, D. C. (1987). Institutions, transaction costs and economic growth. *Economic Inquiry*, 25(3), 419–428.

North, D. C. (1990). A transaction cost theory of politics. *Journal of theoretical politics*, 2(4), 355–367.

North, D. C. (1990). *Institutions, institutional change and economic performance.* Cambridge University Press.

OECD. (2014). *Inclusive Growth.*

North, D. C. (2015). *Data-Driven Innovation: Big Data for Growth and Well-Being.*

North, D. C. (2018). *OECD Policy Note.*

Ortiz-Ospina, E., Beltekian, D., and Roser, M. (2018). *Trade and Globalization.* <https://ourworldindata.org/trade-and-globalization>.

Patel, V., Burns, J. K., Dhingra, M., Tarver, L., Kohrt, B. A., and Lund, C. (2018). Income inequality and depression: A systematic review and meta-analysis of the association and a scoping review of mechanisms. *World psychiatry: Official journal of the World Psychiatric Association (WPA)*, 17(1), 76–89.

Pathways for Prosperity Commission on Technology and Inclusive Development. (2018). *Inclusive Growth Report.* <https://pathwayscommission.bsg.ox.ac.uk/charting-pathways-report>.

Petersen, M. A., and Rajan, R. G. (2002). Does distance still matter? The information revolution in small business lending. *The Journal of Finance*, 57(6), 2533–2570.

Petrongolo, B., and Pissarides, C. (2001). Looking into the black box: A survey of the matching function. *Journal of Economic Literature*, 39(2), 390–431.

Phelps, E. S., Alchian, A. A., and Holt, C. C. (1970). *Microeconomic Foundations of Employment and Inflation.* New York: Norton.

Piketty, T. (2015). About capital in the twenty-first century. *American Economic Review*, 105(5), 48–53.

Pinker, S. (2012). *The Better Angels of Our Nature: Why Violence Has Declined*. Penguin Group USA.

Pissarides, C. A. (2000). *Equilibrium Unemployment Theory*. MIT Press.

Pissarides, C. A. (2010). Equilibrium in the labour market with search frictions. *Nobel Prize in Economics documents 2010-9, Nobel Prize Committee*.

Pomeranz, K. (2000). *The Great Divergence: China, Europe, and the Making of the Modern World Economy*. Princeton University Press.

Radelet, S. (2015). *The Great Surge: The Ascent of the Developing World*. Simon & Schuster.

Rajan, R. G., and Zingales, L. (1998). Which capitalism? Lessons from the East Asian crisis. *Journal of Applied Corporate Finance*, 11(3), 40–48.

Rauch, J. E. (1999). Networks versus markets in international trade. *Journal of International Economics*, 48(1), 7–35.

Rauch, J. E., and Trindade, V. (2002). Ethnic Chinese networks in international trade. *Review of Economics and Statistics*, 84(1), 116–130.

Rochet, J., and Tirole, J. (2003). Platform competition in two-sided markets. *Journal of the European Economic Association*, 1(4), 990–1029.

Rochet, J., and Tirole, J. (2008). Two-sided markets: a progress report. *The RAND Journal of Economics*, 37(3), 645–667.

Rodrik, D. (2016). Premature deindustrialization. *Journal of Economic Growth*, 21(1), 1–33.

Rognlie, M. (2015). Deciphering the fall and rise in the net capital share: Accumulation or scarcity? *Brookings Papers on Economic Activity*, 2015(1), 1–69.

Romer, P. M. (1990). Capital, labor, and productivity. *Brookings papers on economic activity. Microeconomics*, 1990, 337–367.

Rosling, H., Rosling, O., and Rönnlund, A. (2018). *Factfulness: Ten reasons we're wrong about the world and why things are better than you think*. New York: Flatiron Books.

Roth, A. E. (2012). Marketplace institutions related to the timing of transactions:

Reply to Priest. *Journal of Labor Economics*, 30 (2), 479–94.

Sengupta, A., and Wiggins, S. N. (2012). Comparing price dispersion on and off the Internet using Airline transaction data. *Review of Network Economics*, 11(1), Article 4.

Schrager, A. (2018). *A Nobel-winning economist's guide to taming tech monopolies*. <https://qz.com/1310266/nobel-winning-economist-jean-tirole-on-how-to-regulate-tech-monopolies/>.

Schumpeter, J. A. (1942). *Capitalism, Socialism, and Democracy*. University of Illinois at Urbana-Champaign's Academy for Entrepreneurial Leadership Historical Research Reference in Entrepreneurship.

Schwartz, B., and Kliban, K. (2004). *The paradox of choice: why more is less*. New York: Ecco.

Seeking Alpha. (2018). *China leads in mobile payments*.
<https://seekingalpha.com/article/4162586-china-leads-mobile-payments>.

Shaw, E. S. (1973). *Financial Deepening in Economic Development*. Oxford University Press.

Smith, A. (1776). *An Inquiry into the Nature and Causes of the Wealth of Nations*. Strahan.

Smith, H. W. (1835). On the tendency & prospects of mechanics institutions. *The Analyst: a quarterly journal of science, literature, natural history, and the fine arts*, 2(11), 333–338.

Solow, R. M. (1956). A contribution to the theory of economic growth. *Quarterly Journal of Economics*, 70(1), 65–94.

Spence, M. (2011). *The Next Convergence: The Future of Economic Growth in a Multispeed World*. New York: Farrar, Straus and Giroux.

Stigler, G. J. (1961). The economics of information. *Journal of political economy*, 69(3), 213–225.

Stigler, G. J. (1962). Investment in human beings. *The Journal of Political Economy*, 70(5).

Stiglitz, J. E. (1990). Peer monitoring and credit markets. *The World Bank Economic Review*, 4(3), 351–366.

Stiglitz, J. E., and Weiss, A. 1981. Credit rationing in markets with imperfect information. *The American Economic Review*, 71(3), 393–410.

Suri, T., and Jack, W. (2016). The long-run poverty and gender impacts of mobile money. *Science*, 354(6317), 1288–1292.

Survey and Research Center for China Household Finance. 2017. *Green Ecommerce Rising in Rural Areas: Report on the Development of Rural E-tailors.* <https://chfs.swufe.edu.cn/xiangqing.aspx?id=1210>.

Swan, T. W. (1956). Economic growth and capital accumulation. *Economic Record*, 32(2), 334–361.

Tadelis, S. (2003). The market for reputations as an incentive mechanism. *Journal of Political Economics*, 110(4), 854–882.

Tadelis, S., and Zettelmeyer, F. (2015). Information disclosure as a matching mechanism: theory and evidence from a field experiment. *American Economic Review*, 105(2), 886–905.

Tarozzi, A., Jaikishan D., and Johnson, K. (2015). The impacts of microcredit: evidence from Ethiopia. *American Economic Journal: Applied Economics*, 7(1), 54–89.

The datahub on Comparative Historical National Account. Published online at <https://www.rug.nl/ggdc/historicaldevelopment/na/>.

Tirole, J. (1999). Incomplete contracts: where do we stand? *Econometrica*, 67(4), 741–781.

Tirole, J. (2012). Overcoming adverse selection: how public intervention can restore market functioning. *American Economic Review*, 102(1), 29–59.

Tirole, J. (2014). Interview with 2014 Laureate in Economic Sciences Jean Tirole. *Nobel Prize in Economics documents 2014-4, Nobel Prize Committee.*

Tirole, J. (2018). Keynote speech at TSE on Oct. 10, 2018.

Torpey, E. (2018). *Career Outlook: Employment growth and wages in e-commerce.*

Bureau of Labor Statistics of the U.S.

Tucker, C., and Zhang, J. (2011). How does popularity information affect choices? A field experiment. *Management Science*, *57*(5), 828–842.

Tversky, A., and Kahneman, D. (1991). Loss aversion in riskless choice: a reference dependent model. *Quarterly Journal of Economics*, 106(4), 1039–1061.

United Kingdom, Department for Business, Energy and Industrial Strategy. (2017). *Dynamic Competition in Online Platforms: Evidence from 5 Case Study Markets*. <https://assets.publishing.service.gov.uk/government/uploads/system/uploads/attachment_data/file/602816/Digital_Platforms_report_new_BEIS.pdf >.

United Nations, Financing for Development Office. (2018). *Special Advocate for Inclusive Finance for Development (UNSGSA)*. <http://www.un.org/esa/ffd/topics/inclusive-finance.html>.

United Nations Conference on Trade and Development. (2017). *Information Economy Report: Digitalization, Trade and Development*. <https://unctad.org/en/PublicationsLibrary/ier2017_en.pdf>.

United States, Bureau of Economic Analysis. (2017). Database: National Income and Product Accounts.

United States, Bureau of Labor Statistics. (2017). BLS Database.

United States, Center for Emerging Employment, Progressive Policy Institute. (2016). Database.

United States, Federal Reserve, St Louis. (2017). Fed St. Louis Economic Database.

Van Agtmael, A., and Bakker, F. (2016). *The Smartest Places on Earth: Why Rustbelts Are the Emerging Hotspots of Global Innovation*. PublicAffairs.

Varian, H. R. (1980). A model of sales. *American Economic Review*, 70(4), 651–659.

Varian, H. R. (1990). Monitoring agents with other agents. *Journal of Institutional and Theoretical Economics*, 146(1), 153–174.

Varian, H. R., and Shapiro C. (1998). *Information Rules: A strategic guide to the network economy*. Harvard Business Press.

Vaughan P., Fengler W., and Joseph, M. (2013). *Scaling up through disruptive business models: The inside story of mobile money in Kenya*. Brookings Institution Press

The Wall Street Journal. (2017). *Alibaba and Tencent Set Fast Pace in Mobile-Payments Race*. <https://www.wsj.com/articles/alibaba-and-tencent-set-fast-pace-in-mobile-payments-race-1506072602>.

Westin, A. F. (1967). *Privacy and Freedom*. Atheneum Press.

Westin, A. F. (2004). Social and political dimensions of privacy. *Journal of Social Issues*, 59(2), 431–453.

Wind Database. (2017).

World Bank. (2008). *The Growth Report: Strategies for Sustained Growth and Inclusive Development*. <http://siteresources.worldbank.org/EXTPREMNET/Resources/489960-1338997241035/Growth_Commission_Final_Report.pdf>.

World Bank. (2016). *World Development Report: Digital Dividends*. <http://documents.worldbank.org/curated/en/896971468194972881/pdf/102725-PUB-Replacement-PUBLIC.pdf>.

World Bank. (2018a). *Doing Business Report*. <http://www.doingbusiness.org/>.

World Bank. (2018b). *Universal Finance Access by 2020*. <http://www.worldbank.org/en/topic/financialinclusion/brief/achieving-universal-financial-access-by-2020>.

World Bank. (2019). *World Development Report 2019: The Changing Nature of Work*. <http://www.worldbank.org/en/publication/wdr2019>.

World Bank. (Various years). *World Bank Database*. <http://data.worldbank.org>.

World Economic Forum. (2014). *Rethinking Personal Data: A New Lens for Strengthening Trust*.

World Inequality Database. <https://wid.world/>.

Wright, R. (2000). *NonZero: the Logic of Human Destiny*. Pantheon Books.

Xavier, G., Goldberg, J., and Yang, D. (2012). Credit market consequences of improved personal identification: Field experimental evidence from Malawi. *American Economic Review,* 102(6), 2923–2954.

Xinhua Net. 2018. *Mobile Payment on Fast Growth in China.* <http://www.xin-huanet.com/english/2018-08/25/c_137417943.htm>.

Xing, W., and Li, S. (2009). Home biases, border effects and market integration: An empirical study based on interprovincial VAT survey. *China Economic Quarterly*, 8(4), 1455–1474.

Yunus, M., and Jolis, A. (2003). *Banker to the poor:Micro-lending and the battle against world poverty.* PublicAffairs.

Zeng, M. (2018). *Smart Business: What Alibaba's Success Reveals about the Future of Strategy.* Harvard Business Review Press.

Zhang, L. (2016). Intellectual property strategy and the long tail: Evidence from the recorded music industry. *Management Science*, 64(1), 24–42.

法律声明

保留特定权利

本书为罗汉堂研究成果，除非另有说明，其发现、解释和结论仅为署名作者观点，不代表罗汉堂的任何关联机构及其高管和董事、任何以其他方式参与本书的顾问和研究者的观点。

就本书引用、使用或以其他形式包括的任何数据，罗汉堂不保证其准确性。本书图表中的信息，不代表罗汉堂对任何国家、领域、领土的看法或立场。

书中的任何内容均不得构成，也不应被视为罗汉堂对任何权利、特权和豁免的限制或者放弃，罗汉堂在此明确声明保留这些权利、特权和豁免。

数据保护

罗汉堂在研究和相关活动中不使用任何个人数据。罗汉堂制定了相关政策和程序，要求出于研究目的而采集或接收的数据必须完全匿名化，这意味着罗汉堂不会在任何时间使用任何可识别特定个人的数据或使其能够识别特定个人的数据。在任何基于罗汉堂数据的出版物中，任何归于个人的数据只反映基于随机样本的匿名化汇总和／或比例信息。

罗汉堂对出于研究目的而采集或接收的数据做出了使用限制。罗汉堂的研究员和其他人员必须遵守相关数据使用协议，拥有数据访问权限的人员必须接受严格的背景审查，遵守保密协议，并接受有关数据恰当使用和数据隐私规则的培训。按照合约或其他规定，研究员和其他人员在使用罗汉堂和／或关联机构提供的数据时，有义务仅将数据用于经批准的研究或内部讨论。按照合约规定，相关人员不得试图利用数据重新识别任何特定个人。

罗汉堂将数据存储于安全服务器，只有遵守严格的安全程序，才能访问这些数据。数据无法从罗汉堂使用的系统中转移到任何外部服务器或电子邮箱地址。罗汉堂实施和维护的数据存储措施严格遵守数据监控和数据安全标准。

致 谢

本书由罗汉堂内部研究团队和多位学术委员会委员共同撰写。内部研究团队由罗汉堂秘书长陈龙、褚浩全和孙涛领导，成员包括陈戴希、李勇、刘心宇、史婧祎和田源。来自学术委员会的共同作者包括帕特里克·博尔顿、马库斯·布伦纳梅尔、本特·霍姆斯特罗姆、克里斯托弗·皮萨里德斯、迈克尔·斯宾塞、史蒂文·泰迪里斯、王能和熊伟。罗汉堂驻堂学者韩丽娜、黄亚东、欧阳书淼、孙钲云和张大印为本书提供了重要的研究支持。

阿里巴巴集团创始人马云是罗汉堂的使命、愿景和灵感的源泉。阿里巴巴集团和蚂蚁金服的多个团队为本书提供了宝贵的支持和建议。

陈蓉、詹思敏 (Simeon Djankov)、甘犁、黄毅、乔希·勒纳 (Josh Lerner)、骆许蓓和周健工为本书提供了出色的意见和分析支持。唐颖、刘伟、史颖波、汤姆·沃尔顿和迈克尔·威宁汉为本书提供了文字编辑支持。